就活生のための企業分析

友岡 賛 編
齊藤博／今野喜文／中山重穂 執筆

八千代出版

編者序

本書のコンセプトは「就活に成功するためには、自分を知り、業界を知り、企業を知ることが大切」というものです。

したがって、本書のキャッチフレーズは「**自分を知り、業界を知り、企業を知る**」です。

「知ること」には二つの意義があります。

第一に「自分を知り、業界を知り、企業を知る」ことは**志望すべき最適な企業の選択**へとつながります。

第二に「自分を知り、業界を知り、企業を知る」ことは**就職試験における高い評価**へとつながります。というのは、「自分を知る」ことによってこそ、自分を上手にアピールすることができ、「業界を知り、企業を知る」ことによってこそ、志望動機等を説得的に語ることができるからです。

したがって、「自分を知り、業界を知り、企業を知る」ことによって就活に成功することができる、すなわち、最適な企業に入ることができる、というわけです。

そうした本書は、したがって、三つの章から成り、第Ⅰ章は「自分を知る」について述べ、第Ⅱ章は「業界を知る」について述べ、第Ⅲ章は「企業を知る」について述べています。

ただし、一口に「『○○を知る』について述べる」といっても、色々なものが考えられます。すなわち、まずは

①○○を知ること自体について述べる（○○を知ることの意味を説く）
②○○の知り方について述べる（○○の分析方法を説明する）
③個々の○○について知らせる（個々の○○について解説する）

が考えられ、たとえば企業についていえば、①企業を知ることの意味を説く、②企業の分析方法を説明する、③個々の企業について解説する、が考えられますが、本書はこの①、②、③を柔軟に組み合わせています。

第Ⅰ章の「自分を知る」は①が中心で、すなわち、自分を知ることの意味を説いています。しかも、「自己分析再考」というサブタイトルにも窺われるように、「自分を知る」ことの問題点、自己分析の落とし穴について説いており、これが本書の特徴の一つになって

います。自己分析はときに悪しき自己肯定へとつながります。

第Ⅱ章の「業界を知る」は②と③から成り、また、第Ⅲ章の「企業を知る」は②が中心になっています。すなわち、第Ⅱ章は業界の知り方について述べるとともに、個々の業界について解説していますが、第Ⅲ章の場合は、個々の企業についての解説は紙幅の制約から割愛せざるをえないため、代わりに、企業の知り方、企業の分析方法をやや詳しく説明しています。

なお、第Ⅰ章はキャリアデザインの専門家、第Ⅱ章は経営の専門家、第Ⅲ章は会計の専門家が執筆し、編者がこれらに加除を施してまとめました。

謝辞

齊藤博先生には、もともとは、キャリアデザインの専門家のお立場から本書の企画に対するご助言のみいただくはずでしたが、厚かましくもご無理を申し上げてしまい、ご執筆いただくことになりました。また、八千代出版の森口恵美子さんにはとてもお世話になりました。お二人に深謝申し上げます。

なお、複数の執筆者による本の場合には統一性や整合性を持たせるのが難しく、「編者序」の類いには「加筆は語句の統一などにとどめた」などといった言い訳めいた記述がよく見られますが、本書の編者はかなりの加除を施しました。執筆者のお三方には失礼をお詫びします。

目次

目　次

第Ⅰ章　自分を知る――自己分析再考

第1節　自己分析と就活におけるそのあり方

自己分析とは、あなた自身について理解を深める行為のことです。就活における自己分析は、あなたの進路（志望する業界、企業、仕事など）を決めるための方針や手掛かりを得ることを目的にします。自分の過去から現在までを振り返ったり、仮説を立てて将来の自分を想像したりして、自分の「強み・弱み」、「興味・関心」、「価値観」などについて整理します。

そして、自己分析と企業研究の結果をもとに、応募企業に対する志望動機と自己ＰＲを考え、その内容をエントリーシートと面接で表現するのです。

自己分析はまた、あなたが進路（業界、企業、職種）を比較検討するための評価軸の設定を意味します。この評価軸は、あなたが

①どのような特徴（能力、性格など）を活かして仕事をし、成長したいか
②仕事でどのようなことを実現し、社会の役に立ちたいか
③どのような環境・雰囲気の職場で働きたいか

といった視点で、さまざまな企業や仕事を考える際のよりどころになります。

このような評価軸を用いて企業を比較検討しながら選択すれば、強い志望動機をもって就職試験に臨むことができ、また、就職後も、明確になった自分の強みを活かして仕事に取り組むことができるでしょう。

したがって、こうしたやり方は、自分の希望や特性と就職先での現実のミスマッチをなるべく回避し、少しでも満足度の高い就職をするのに役立つと考えられています。

自己分析は、一般に、就活の第一ステップとされ、とても重要な作業として位置づけられています。就活やキャリア関係の本を見ると、たいてい「最初に自己分析をしましょう」と書かれています。あなた自身を知ったあとで、すなわち自分の適性や興味・関心を明らかにしたあとで、自分に合った仕事を探すという手順が定石とされています。

しかし、その一方、最近は、自己分析の意義を疑問視する意見や、就活の最初のステップとして自己分析を位置づけることに批判的な意見が見られるようになりました。

どうしてでしょうか？

この章では、就活生たちの自己分析に対して、企業の採用現場から疑問や批判が出てきた背景を検討し、それを踏まえて、就活における自己分析のあり方を考え直してみることにします。

そうしたこの章の結論をあらかじめ述べておきたいと思います。

就活に際して自己理解を深めることは不可欠ですが、**必ずしも最初に自己分析を行なう必要はありません**。エントリーシートと面接で必ず求められる「自己ＰＲ」と「志望動機」は、自己分析と企業研究を並行的に行ない、両者の結果を突き合わせながらまとめる必要があります。自己分析の際には、それ自体が目的になる「自分探し」に陥らないように注意し、あくまでも自己ＰＲと志望動機の作成というアウトプット志向でするようにしましょう。

なお、自己分析の具体的な方法やツール（テスト、チェックリスト、ワークシートなど）については、すでに多くの就活本や就職情報サイトで紹介・提供されているため、ここでは触れません。

第2節　自己分析再考を促す近年の就活事情

1 「欲しい人材像」の重複による内定の二極化

採用する側の企業は、少しでも優秀な学生を採りたいので、「これは」と思う学生にはどんどん内定を出します。では、企業が考える優秀な学生とはどのような学生なのでしょうか？

多くの企業の人事担当者に聞いてみると、「欲しい人材」の要件としては、明るさ、素直さ、積極性、自主性、コミュニケーション力、ストレス耐性、論理的思考力など、似かよったものが挙げられます。つまり、A社が欲しい学生はB社もC社も欲しいのです。そこで生じるのが「内定の二極化」と呼ばれる現象、すなわち、エントリーシートや面接で、企業の求める人材要件を備えていることを効果的に伝えることができた一握りの就活生に内定が集中するという現象です。

あなたは次のように思うかもしれません。「一人の優秀な学生がたくさん内定をもらったとしても、入社するのは一社だけなんだから、その学生がほかの内定を辞退すれば、その後、ほかの学生にも追加募集のチャンスがあるんじゃないかな?」。

しかし、一九九八年から約一〇年続いた就職氷河期以降、採用事情は激変しました。かつては予定数に達するまで採用していた企業でしたが、この時期を境に、学生の質を吟味し、その上で数を確保するという質第一主義の「厳選採用」を行なうようになりました。たとえ予定数に達しなくても、無理して新規学卒者から採る、ということをしなくなったのです。すなわち、足りない分は第二新卒や転職組で補えばよい、という考え方にシフトしているのです。

② マニュアルの普及によるエントリーシートの没個性化やリアリティの欠如

就活生は、自己PRを作成するために、企業受けしそうなキーフレーズと自分の体験談を探す際に、就活本や就職情報サイトを参考にします。幸か不幸か、主要なキーフレーズや体験談のサンプルがすぐに見つかります。

前述のように、企業が求める人材要件が似かよっていることから、選び出されるキーフレーズや体験談のサンプルも似たものになります。長所は「主体的に物事に取り組む」、学生時代に取り組んだことは「サークルの部長」、自己PRは「コミュニケーション能力が高い」、また、志望動機については「経営理念に共感」、「優れたサービスで社会貢献」「企業とともに自分も成長」などといった具合です。そして、これらにマッチするエピソードを大学生活の中から探すことになります。それがない学生は、就活を目の前にして、それっぽい経験をわざわざしてまでエピソード作りに励みます。

その結果が「同じようなエントリーシートばかり」、「耳にタコができる回答内容」、「真実味に乏しい志望動機」などといった採用担当者たちのぼやきなのです。

3　自己分析に対する批判的意見の増加

最近、就活生の自己分析のやり過ぎに警鐘を鳴らす意見が増えているようです。ある企業の人事担当者は「過度の自己分析、そしてそこから作られたエントリーシートが個々の学生の素顔を見えにくくしています。学生側の見せたいポイントと、それを評価する私たち企業側の見たいポイントにズレを感じるときがあります」と述べています。

(i) 仕事の食わず嫌い

自己分析の結果にとらわれる就活生の多さを心配する人事担当者は次のように述べています。「とにかく自己分析の結果で自分を縛りつけて、食わず嫌いにならないで欲しいと思います。いますぐに『やりたいこと』を決めなくてもいいのです。同年代の仲間だけの世界から出て、社会人の先輩などさまざまな年代の人と話したり、留学したりして、視野を広げていくほうが、自分についての発見や気づきにつながると思います」。

テストやワークシートによる自己分析で自分を知ることは悪いことではありませんし、その結果、「やりたいこと」や「向いている仕事」が見つかることもあるかもしれません。ただし、独りでする自己分析には主観や願望が入りやすく、また、企業の側も「本当の適性は、入社して実際に仕事をしてもらわないと分からない」としています。

就活の最初に行なう自己分析は、一応の参考や目安になればよい、という程度のものです。「自己分析がうまくできない」とか、「自分の期待していた結果と違った」などと悩んだり、がっかりしたりする必要はありません。

たとえ自己分析ツールによる分析に行き詰まっても、自分について理解を深めたり、新たな自分を発見したりする手段はたくさんあります。外に出て、色々な人と話すもよし、どのような映画や本に感動するかを自問するもよしです。また、企業研究をしながら、経営理念のどのような点、どのような先輩社員の体験談に惹かれるか、その理由を考えること自体が自分の価値観や興味を知る自己理解にもなるのです。

(ii) 分析結果の独り歩き

自己分析は、自分でこれまでの人生を振り返りながら自分の考え方や性格を理解するための作業です。その場合、自分をどれだけ客観的に見ることができるかがポイントになりますが、主観や自分に都合のよい解釈が入ってしまうことも少なくありません。

あるシステム構築会社の人事担当者は次のように述べています。「望んだ結果が出ないと、さらに自己分析に走っていく学生も少なくありません。ある学生に志望動機を聞いたところ、『自己分析で営業に向いているという結果が出たので、その方向で就職活動をしてきました。しかし、なかなか成果が出ないので、分析をやり直してみたら、今度は管理系事務職やSE職に向いているという結果が出たので、こちらの業界に重点を移しました』という答えが返ってきました。うちで内定を出さなかったら、また自己分析をやり直して適職探しをするのでしょうか？　自分がやりたい仕事かどうかを考えるというより、自己分析の結果に振り回されて仕事選びをしている感じです」。

そもそも自己分析は、自分らしさとは何かを明らかにするために行なうものです。これまでの人生を振り返るのは、あくまでも自分の成長に役立つ資質や性格（長所だけでなく短所も）を再確認するためです。しかし、「早く内定を取りたい」、「自分を良く見せたい」という意識が働く就活では、知らず知らずのうちに自己分析の結果を自分に都合よく解釈してしまう虞《おそれ》があります。

面接でたくさんの学生から、「自己分析結果の自分」が語る自己ＰＲを聞かされ続けてきたあるメーカーの人事担当者は次のように述べています。「面接室に入ってきたときの第一印象とまったく違う自己ＰＲを聞かされて、『えっ、本当に？』と耳を疑ってしまうことも少なくありません。自分の言葉や気持ちが入っていない回答では、その学生本来の姿が見えません。どこかにあるサンプル回答のような没個性的な自己ＰＲにとどまる自己分析なら、時間をかけてやる意味はないでしょう」。

(ⅲ) 入社後の意欲低下

自己分析結果にとらわれ過ぎると、社会に出てから躓《つまづ》くケースもあります。前出のメーカーの人事担当者は次のように述べています。「入社して半年も経たないうちに『こんな仕事をするために入社したわけじゃありません』と言う新入社員が必ず出てきます。会社としては、最初から新人に独りで仕事をさせたり、重要な仕事を任せたりすることはありえません。配属は新人研修で適性を見て決めますから、本人が自己分析で『こうありたい自分』や『適している仕事』を必要以上に決めつけてしまうのは困りものです。就職は、文字通り、特定の職業に就くというより、その会社に入る『就社』と考えたほうがいいでしょう。企業で働く際には柔軟性が必ず求められます」。

就活本や就職情報サイトで提供されるテストやワークシートをやるだけが自己分析ではありませんし、また、そもそも仕事や企業を選ぼうというのであれば、自分の内面を知るよりも先に、インターンシップやOB・OG訪問を含む業界・企業研究をしたほうがよいのではないでしょうか。

面接試験を担当しているある営業マンは辛口です。「自己分析は一所懸命やっているようだけど、うちの業界や会社の仕事をよく知らないで受けにくる学生が多いですね。会社や営業の仕事に関する質問をすると、表面的な答えしか返ってきません。業界に関連する大きなニュースでさえ知らない学生も何人もいます。自分の強みや学生時代の成功談はスラスラ言えますが、それが仕事でどう役に立つのか、といったリアリティがないと自己PRとして弱いですね。うちだけでなく、同業他社や業界のことも調べてないと、『本当にうちに入りたいの？』って突っ込みたくなります」。

第3節　自己分析の考え方

1 自分探しの旅ではなくアウトプット志向で

過度の自己分析はよくないと分かっていても、つい熱心にやり過ぎて、深みにはまってしまう場合があります。自己分析は、公式や計算でパッと正解が出るようなものではないので、続けようと思えばいつまでも続けられてしまうからです。

毎年、生真面目な就活生の中に、「俺って何者なんだ？」、「私は何がやりたいの？」と「自分探しの旅」に出てしまう人がいます。旅立ってしまった人は、自分の想像、妄想の世界ではさ迷い続けても、実際の就活はせずに立ち止まってしまいがちです。

「自己分析が完璧にできるまでは……」とエントリーしなかったり、説明会に行かなかったり、面接を受けなかったりしていると、気がついたら就活シーズンの山場が過ぎているかもしれません。就活シーズンには旬があり、入手できる情報にも限界があることをわきまえて、その制約の中で自己分析に取り組むことが重要です。

そして、もし独りで考えていて行き詰まったら、親、友人、OB・OG、就職部やキャリアセンターの人などに相談してみましょう。そうした人がヒントをくれたり、そうした人と話しているうちに自分の考えが整理できたりすることもあります。

就活生にとっては、むろん、自己分析自体が目的ではありません。企業や仕事の選択方針を明らかにし、**自己PR、志望動機を考えるために自己分析をするのです**。あくまでも、そうしたアウトプットを意識した自己分析でなければなりません。

2 「やりたい仕事」より「入りたい企業」を先に

就活生の意識調査の「企業を選択する際のポイント」では「やりたい仕事ができる」がいつも上位に来ます。しかし、他方、やりたいことが分からない学生も少なからずいます。あなたはやりたいことがはっきりしていますか？

「やりたい仕事」は就活本や就活セミナーでも多く取り上げられる話題です。「志望業界」や「志望職種」もこれに類するものでしょう。

今日、ビジネスの世界は高度にグローバル化し、多様なテクノロジー革命が起き、ＩＴ化が進んでいます。また、日本経済は成熟化して既存事業の成長が鈍化しています。その結果、多くの企業が多角化したり、事業の統廃合を積極的に進めたりしています。ビール会社がバイオ事業を手掛けたり、外食企業が介護事業を手掛けたり、「○○フィルム」という名前の会社が化粧品事業を手掛けたりするようになっています。また、手掛けていた事業が競争に敗れ、その業界から撤退するケースも起きています。したがって、今日、業界という切り口で志望企業を探すことはあまり意味がなくなっています。

また、職種という切り口で志望企業を探すことも、少なくとも日本企業で働く場合には、あまり意味がありません。多くの日本企業は、新規学卒者を「総合職」、「営業職」、「技術職」、「販売職」といったざっくりとした職種区分によって採用します。したがって、いくら内定先で「やりたい仕事」があったとしても、その仕事ができるところに配属されるかどうかは分からず、また、たとえ配属されたとしても、いつそこから異動させられるかも分かりません。

さらにいえば、あなた自身の「やりたいこと」自体が変わる可能性もあります。その仕事をアルバイトやインターンシップなどで経験したことがない場合、実際にやってみなければ、その仕事が本当に「やりたいこと」なのかどうかは分からないはずです。逆に、考えてもみなかった配属先の仕事に面白さややりがいを感じ、それが「やりたいこと」になる可能性もあるでしょう。

したがって、「やりたい仕事」を無理に決める必要はありません。そもそも自分の周りに、就職先として、どのような企業があるのかを知ってから、その企業の仕事が「やりたいこと」なのかどうかを考えたほうが合理的ではないでしょうか。

新規学卒者を採用する中規模以上の企業は、最も少ない県でも二〇〇〇以上、東京には七万以上もあります。これだけ多い企業の中から選ぶのですから、志望先の選択というものは、テレビCMで知っていた、何となく憧れていた、誰かに薦められた、合同企業説明会でピンと来た、などの偶然性にかなり左右されるといえるでしょう。

自分の「やりたいこと」を、自分の価値観や興味・関心といった抽象的な軸から、無理に探し出そうとしなくても大丈夫です。上述のような偶然性も利用して、やりたいことを探っていけばよいのです。あなたが就活する地域にある企業のうち、「面白そうだな」と思ったところから調べ始めるのもよいでしょう。そこから、同じ業種の企業やその企業と取引のある企業といったように、徐々に興味を持てる企業を増やしていけばよいと思います。

3 「やれる力」がつく企業を探す

就活生でも「やりたい仕事」が明確に分かっている人は三人に一人もいませんが、分かっている学生に「やってみたい仕事」を聞いてみると、例年、営業企画・マーケティング、研究開発、商品企画、調査・経営企画、人事など、「カッコいい仕事」の類いが上位に挙げられます。

誰でもカッコいい仕事をしたいと思うのは当然ですが、入社してしばらくは無理でしょう。大人たちはこんなことを言っているかもしれません。「営業企画やマーケティングだって？　アホか。営業のことを知らず、新聞もロクに読んでないのに無理だろ」、「研究開発？　大学の研究室で勉強もロクにしてないのに何を開発すんの？」、「人事？　経営企画？　ふざけんな！　経験のない若造の話なんて誰が聞くか！」、「新入社員はな、さっさと仕事覚えて、社会常識を身につけろ！」、「早く会社の仕組みや方針を理解しろ！」、「まずは現場の最前線で汗まみれになってこい！」。学生には学生の、大人には大人の言い分があるのです。

仕事にリアルに役に立つスキルは、働かなくては身につきません。「どんな仕事をしたいか」という観点から考えるより、将来、その仕事ができる力、**「やれる力」をつけさせてくれるような企業**を探すほうがよいのではないでしょうか。「あんな風になりたいな」、「仕事できそうだなあ」、「大人っぽくてカッコいいな」と思える先輩社員がいる会社にいくつも出会えるように、会社説明会やOB・OG訪問に積極的に出かけていくことを勧めます。

4 企業が求める人材になる

企業は「他人とは異なるあなたの個性、あなたにしかない独自性を求めています」などと言っています。就活本には「自分を最大限アピールしなさい」、「自己否定はネガティブな印象を与えるから極力控えなさい」とアドバイスしているものが少なくありません。しかし、これらを鵜呑みにする必要はありません。

まず、エントリーシートの自己PRは、自分本位で、自分の長所を選び出すよりも、企業が「求める人材」の要件にしたがって考えたほうが効果的です。企業の「求める人材」ないし「求める力」は、企業のウェブサイトの該当項目のページや「社長メッセージ」、「先輩の声」、「採用担当者より」などのページに、「当社はこんな学生に来て欲しい」とか、「当社はこういう人材を求めている」といったように書いてあるはずです。それをしっかり読み取って自己PRに反映させればよいのです。

また、企業が面接で確かめたい重要な点は「可愛げ」、「反応力（コミュニケーション基礎力）」、「ストレス耐性」であるとされています。

企業が見たいのは、まずは「部下として使えそうな人材」であるかどうかです。とりあえず先輩社員から見て可愛げがあって、何でも素直に「ハイ」と言うことを聞いて、へこたれずに頑張れるかどうかを見たいのです。同僚として一緒に仕事をやっていけるかどうかを判断したいからです。したがって、とにかく他人との差別化を狙って自己主張を繰り返す学生は、かえって「こいつうるさそうな奴だな」と低い評価をつけられてしまいがちです。

短所についていえば、自分の短所はきちんと自己分析の結果として示せばよいと思います。まず自分の否定的な部分を認めることによってこそ、ナチュラルな自分になれるのです。強い面と弱い面、両面あるのが人間です。この両面をきちんと自分で客観的に認識できる人のほうが「部下として使えそうな人材」としてよっぽど好感を持たれます。

まず自分の弱点をさらけ出す。そうすることで客観的な観察力を持った人物であるということが示され、むしろアピールすることにもなります。自己分析とはまず客観視です。客観視のない自己PRは逆効果になることもあります。

第４節　アウトプット――エントリーシート

1 自己PRの考え方

就活における自己分析は、その結果をエントリーシートの記述と面接の回答にうまく表現できて初めて意味があります。

エントリーシートの作成と面接試験の受験段階では表現力も重要になります。そのため、エントリーシートについては添削指導、面接試験については面接練習によるブラッシュアップが不可欠です。

あなたは大学に入ってから何を目標にして何をしてきましたか?

「わりと早い時期から公務員試験の準備を始めたのに、すぐに嫌になって、就職なんてその時期になったら考えればいいや、となって、あとはノホホンと過ごしてしまった」。

「サークルといっても、実体のないテニス同好会と映画研究会で、ほとんど活動らしいことはしなかった」。

「アルバイトも居酒屋のホールスタッフから始めたものの、やがて接客には向いていないと思い、その後はファミレスなどの食材加工センターや宅配便の配送センターのバックヤードで黙々と働いていた」。

「勉強もいい加減で、成績はほどほど」。

「で、もう就職か、と気がついたら、何の特徴も取り柄もない、ごく平凡な大学生」。

自己分析をしてみてしみじみと思う。「何やってたんだ、俺。三年間も」と。

「他人に語れるような成果、実績はないし、活発性や積極性やリーダーシップやコミュニケーション能力などといった行動特性や能力にしても、企業が求める人材とはまるで正反対の位置にいるなあ」などと悲観的になって、「就職なんてできないかもしれない」なんて弱気になってしまうあなた。

でも、あなたは本当に何の特徴も取り柄もない学生なのでしょうか？

自己ＰＲに用いるエピソードは特別なものである必要はありません。企業は新入社員候補の学生に、他人に誇れる成果など、決して期待してはいません。独り暮らしの生活、ゼミ、部活、サークル、趣味、ボランティア、友達付き合い……地味かもしれませんが、何でもよいのです。ただし、ちゃんと自分らしさを引き出すには、それなりに時間をかけて根気よく、これまでの体験を洗い出していく作業が必要です。また、エピソードを書き出す際には、客観的な事実だけでなく、当時の自分の気持ちや陰の失敗、そして失敗を乗り越えたプロセスや苦労なども加えて、自分の人間性や行動を生き生きと描き出すことがポイントです。

自己分析をやってみると、悩んで眠れなくなったりすることがあるかもしれませんが、実は多くの人がそうなのです。そもそも自己分析などというものを本気でやろうと思ったら、一生かかるかもしれません。しかし、面接では必ず自己ＰＲを聞かれるので、イヤでも用意しなくてはなりません。では、どうするか。

手始めに長所と短所を挙げてみてください。

＜長所＞
真面目である
粘り強い
思いやりがある
慎重である

＜短所＞
融通が利かない（≒真面目？）
一つのことに執着し過ぎる（≒粘り強い？）
気を遣い過ぎる（≒思いやりがある？）
心配性である（≒慎重？）

書いてみると、意外と難しいものです。長所は自分を美化し過ぎない程度に、短所は自分を否定し過ぎない程度に、という気持ちで書くと、短所として挙げる事柄は、大抵、長所をネガティブに言い換えたものになってしまいますが、それでは、自分には短所なんか一つもない、と胸を張っているようなものです。もちろん、短所だけを並べたネガティブ一辺倒のような学生を企業はまず採りません。要は、長所と短所のバランスの問題です。

2 作成の心構え

採用に結びつきやすいエントリーシートとはどのようなものだと思いますか？

自分という「商品」を流通させるために必要な「広告」、それがエントリーシートです。これがうまく書けないと書類選考で落ち、面接に進めません。採用担当者に会ってもらうことさえできません。

ところで、エントリーシートは企業においてどのように利用されるのでしょうか？　実はエントリーシートは、書類選考のときだけではなく、面接や採用会議でも利用されます。面接官は、面接終了後、次のステップへ上げるかどうかを話し合います。そのとき、唯一の重要な資料がエントリーシートです。面接で顔を合わせていても、時間が経てば忘れるものです。ましてや何十人、何百人と会っているのですから無理もありません。そこで改めてエントリーシートに目を通し、面接の様子を思い起こし、じっくりと考えます。

もちろん、面接官は面接中にメモをとっていますが、所詮は走り書きです。面接の限られた時間での問答よりも、書かれたものに徐々に思い入れを持ち始めることが多いのです。特に一次では、たくさんの学生に会うため、よほど強烈な印象を受けないと覚えていません。そこで自然とエントリーシートの印象にその学生本人を重ね、「ああ、あの学生ね。彼、なかなかいいよな」となるのです。

ですから、書類選考さえ通って面接に進めば、あとはその場の勝負と考えるのは早計です。書類選考のあとにエントリーシートの本当の出番がやってくるのです。エントリーシートは就活が終わるまでずっとあなたについて回ることを意識してください。エントリーシートは選考のさまざまな場面であなたについて回る非常に重要な書類なのです。エントリーシートの作成には緊張感を持って取り組みましょう。

3　誰に向けて書くのか

エントリーシート作成の心構えができたら、次は誰に向かって書くのかを考えましょう。採用担当者？　人事部長？　面接官？　ズバリいえば、**エントリーシートは社長に向けて書くものです**。就職試験には、書類選考、一次、二次、三次、役員面接、といったように階段を一段々々上っていくイメージがあります。そのため、どうしても目前の関門突破に専念してしまいます。そこで、たとえば書類選考を通過するために、とにかく表面的なインパクトで目立とうとしたりします。しかし、表面的に面白いだけのエントリーシートは上のほうに行くと失敗しがちです。選考が進むにつれて面接官の年齢も真剣度もアップするので、そうした薄っぺらさがマイナスに働きやすいからです。

エントリーシートを作成する際には、書類選考も、一次、二次、三次面接も飛び越して、いきなり社長に読まれるつもりで書くべきです。実際、最終面接では社長も読みます。社長は最終面接まで残る学生をワクワクして待っています。そして、「おっ、いいねえ、今年の新人候補は」という社長の言葉に、採用担当者は「やったあ。ああ、よかった」となるのです。つまり、採用担当者も社長に満足してもらわなければならないので、ヘンなエントリーシートは持っていけないのです。

4 エントリーシート作成上のコツ

あなたは次のように思うかもしれません。「でも、社長とか年配の人を意識してしまうと、手堅く書いて地味になって印象が薄そう。それだと、書類選考の段階で落ちちゃわないかな?」」。

ここで、マーケティング論などでよく用いられるＡＩＤＭＡモデルを参考にエントリーシートの三大ポイントを考えてみましょう。このＡＩＤＭＡモデルは消費者の行動心理のプロセスを示すもので、コミュニケーションに対する消費者の反応プロセスをモデル化したものです。そこでは、消費者の反応はAttention（注目）→Interest（関心）→Desire（欲求）→Memory（記憶）→Action（行動）の順に起こるとされ、つまり、消費者は「広告」や店頭などで「商品」に注目し、それへの関心を高め、それを使用したいという欲求が起き、その商品を記憶し、最終的に購買行動につながるとされます。

このモデルによれば、エントリーシートには次の三大ポイントが考えられます。

①書類選考においては、採用担当者に「会ってみたい」と思わせること——Ａ（注目）

②面接においては、面接官に興味を抱かせ、「君、これはどういうこと?」と質問させること——Ｉ（関心）

③採用会議においては、「ああ、あの○○君はよかったね」と思い出させること

――M（記憶）

ちなみに、D（欲求）は面接でのプレゼンテーションの影響が大きいでしょう。

この三つのポイントを押さえたエントリーシートが選考を通りやすいエントリーシート、つまり良いエントリーシートといえるでしょう。

エントリーシートはいわば商品パンフレットです。いわば購買者である採用担当者が「会ってみたい」と思うのはその商品（応募者）に触れて品質を確かめたいから、面接官が「質問する」のは商品についてより詳しい知識を得たいから、採用会議で「思い出す」のは他の商品と比べて優劣を決めたいからです。

5 自分が見せたい長所より企業が見たい人材要件を

企業は仕事のできる社員の行動特性や性格を分析・抽出し、ある程度、求める人材像を割り出しています。したがって、企業が求める人材像に自分を近づければ（近いことを示せば）内定獲得率がグンとアップするはずです。

そうするためには企業の求める人材像を把握しなければなりません。それにはまず、その企業、職種の仕事内容、業界構造を知らなければなりません。つまり企業研究が重要になってきます。順を追って示すと、第一に企業・仕事、業界構造の理解、第二にそこから導き出される求める人材像の理解、第三に自分がその人材であるとアピールするためには自分の体験の中の何を示せばよいのかを戦略的に考える、となります。

就活生の多くは「自己分析→業界研究→企業研究」という手順で進めようとしますが、企業研究をしないで自己分析をするのは非効率で、的はずれなものになってしまうことも少なくありません。目標も定めずにただ自分本位の自己ＰＲをしても、なかなか志望企業の人材要件にはヒットしないでしょう。

人間にはさまざまな面、さまざまな特徴があるはずです。自分が思う「良い面」ではなく、意中の企業が求める人材像に的を絞って、それに合致する自分の「一面」をアピールすればよいのです。

では、企業で求める人材像はどのようにして探り当てたらよいのでしょうか。最も手っ取り早いのは企業のウェブサイト等を調べることです。ウェブサイトでは、その企業を代表する社員が日々の仕事や仕事が完了するまでの流れを語っていたりします。たとえ志望企業のウェブサイトにそうしたものがなくても、類似した企業や職種のそうしたものを見ればイメージがわくはずです。

最も有意義なのはやはりOB・OG訪問です。ただし、一回だけではせいぜい仕事の内容や採用試験のプロセスについて聞けるぐらいでしょう。それでは何も分からないも同然です。再び訪問して、たとえば「仕事ができる人とできない人の違い」、そして「仕事ができるとはどういうことなのか」を具体的なエピソードで聞いてくるというのはどうでしょうか。そこから自己分析を作り上げていくというのも一つの方法でしょう。

第5節　アウトプット――面接での回答

面接は、ほかの応募者とのコンテストではなく、採用担当者とのコミュニケーションととらえて、自分がその企業にとって役に立つ人材であることを効果的に伝えることが大切です。

企業が見たいのは学生時代の経験よりも「人柄」です。企業が重視する面接時のチェックポイントのリストを見ると、「人柄、会社への熱意、今後の可能性」がほとんどの企業で上位に来ています。他方、「適性検査の結果」、「能力検査の結果」、「アルバイト経験」

などはそれほど重視されていないようです。「人柄、熱意、可能性」が面接における三大アピールポイントといえるでしょう。この三つを効果的に伝えることが大切です。

1 「人柄」の良さを伝える

面接で学生がアピールする点と企業が重視する点にはかなりのズレがあります。学生側は「アルバイト経験」を断トツとして、「人柄」、「その企業に対する熱意」、「部活・サークル活動」などを上位と考えています。ところが、**企業の側は一にも二にも「人柄」**で、アルバイト経験やサークル活動などは、みんな似たり寄ったりということで、ほとんど重視しないことが多く、参考情報程度でしかないのです。

このように、企業はまず「人柄」です。「おっ、いいヤツそうだな」で採用するのです。学生は学生時代の経験を売り物にしたいのに、企業は人柄重視で決めます。この学生と企業の意識のギャップは、たとえれば、野球部のセレクションなのに、サッカーの格好をして参加するようなものです。選抜するほうは「野球だよ、分かってるの?」なのに、応募者のほうは「自分はサッカー得意なんで、サッカーのテクニックを見てください」で、「そんなのどこか他所でやってくれ」、「ちょっと見てくださいよ」といったすれ違いが続きます。これではセレクションになりません。このギャップに気づかない学生はやがてヘトヘトになって、「こんなに必死にアピールしてるのに、何で分かってくれないんだ」、「もういくら頑張っても自分には無理だ、無駄な努力だ、就活やーめた」ということにもなりかねないのです。

面接の基本は、相手が見たい部分、知りたい部分を見せることです。相手が知りたいのは「人柄」、要するに、ごく自然なあなたです。長所もあれば短所もあって、それを自覚して行動できる人物かどうか。面接官はそこを知りたいのです。

2 「熱意」の伝え方

では、その企業に対する「熱意」はどのようにしたら伝えられるのでしょうか？

これまでの人生で熱中したもの、夢中になったことは何ですか？　考えてみると、近頃はあまり熱くなることがないような気がすると思っていませんか？　そんなあなたはどうやって志望企業に熱意を示したらよいのでしょうか？

熱意の示し方は実は簡単です。何でもとにかく一番であることです。たとえば、企業説明会の日には社屋の玄関前や説明会場の入口前に列を作りますが、その先頭に並ぶことです。先頭に並んだ学生は誰もが熱意のある学生と認めるのです。

近年は就活のあり方も変化して、分かりやすい行動で表現する、ということがしにくくなりました。一番に並ぶといった行動を「ダサい」ととらえる傾向があります。

ところが、ビジネスの世界ではそんなことはありません。「一番」や「先頭」や「最初」はいまだに大きな価値を持ち、相手の心理にインパクトを与えるものなのです。たとえば、ある企業の書類選考では、学生から送られてきたエントリーシートをまず「到着順」に分類します。到着順にいくつかの箱に分けるのです。そして、「遅く着いた箱」の分から落としていきます。

その理由は実に単純明快です。募集直後に送ってくる学生は入りたいという熱意があると判断しているからです。「わが社が第一志望」と推測できるからです。送ってくるのが遅い学生は、とりあえずここにも出しとけ、といった程度（かもしれない）だろうということで落とすのです。

熱意はあっても遅くなってしまった場合には「ちゃんと見てくれないなんて」と文句を言いたくなるでしょうが、企業にも言い分があります。「こっちも忙しいんだよ。採用のほかにもやらなきゃならない仕事がたくさんあるんだから、グズグズ言ってないで早く送ってこい！」。

③ リアリティのある志望動機は「熱意」の表われ

ただし、一番に意味があるからといって、ただ先頭に立ちさえすれば、必ず熱意が伝わるのでしょうか？

残念ながら、たとえ一番に行動したとしても、熱意が伝わらないかもしれません。熱意が伝わるかどうかは、最終的には、面接のプレゼンテーションにかかっているからです。もし本気で「この会社に」と思っていなければ、面接官は熱意を感じないでしょう。採用のプロの目から見れば、熱くない学生は一発で見抜かれてしまいます。では、熱くないあなた、熱くなったことがないあなた、熱くなりにくいタイプのあなたはどのようにして熱意を伝えたらよいのでしょうか？

前述のように、自己分析は「自分探し」ではありません。社会との関係を考えなければいけません。鏡の中の自分を見るように、今の自分の姿かたちだけを見る、というのではは就活で行なうべき意味のある自己分析とはいえません。その鏡の中の背景、つまり自分の周りには何があるでしょうか。鏡に映っているのは自分だけではありません。自分が存在している社会があります。あなたは社会の中に存在しているのです。社会との関係において自分はどういう人間かを考えること、これが意味のある自己分析なのです。

たとえば銀行を志望しているとします。日本、そして世界の経済動向、金融業界、そしてさまざまな業界の出来事に関心を持ち、ニュース等を日々チェックします。その結果、自分は銀行に入って何ができるのか、何をしたいのか、といったことについての具体的なイメージを持ち、それにもとづいてリアリティのある「志望動機」を述べることができれば、それがあなたの「熱意」として伝わるでしょう。

4 「可能性」の伝え方

「可能性」とは何でしょうか？　可能性とはその人の成長の「伸びしろ」のことです。

つまり、これからどのくらい伸びる余地があるか、ということです。そこで重要なのが「現在」のあなたがどういう状態なのか（意識や姿勢や生活習慣などについて）ということです。

採用担当者からすれば、その人の将来は「現在」を見ればほとんど予測がつくのです。採用担当者がまず重視するのはその人の基本です。基本ができている人は鍛えれば「伸びる」からです。何を見るかというと、たとえば、面接室への入り方、姿勢、挨拶、話すときの目線、受け答えの仕方など、ごく普通のことです。

「えー、そんなのできて当然」、「そんなことなら自信ある」と思うかもしれません。しかし、大人から見れば、「今の若いもんはまったくなってない」ということになるのです。あなたの「基本」はちょっとした仕草や行動に出ます。そして、それがあなたの印象を決めてしまいます。

たとえば、ドアを開けたあとに何も言わずに着席するとか、集団面接でほかの人が話しているときに聞いていないとか、ネクタイが緩んでいるとか、髪の毛に寝グセがついているとか、「それくらいどうってことないじゃん」と思うかもしれませんが、大人は気になり、許せないのです。そうした基本がきちんとしていると採用側は安心します。「基本はできているから、鍛えれば伸びるな」ということです。

「可能性」は、将来のことではなく、「現在」のこと、つまり今のあなたの普段の考え方や態度、行動なのです。

第6節　自分を知り、相手も知る

1 自己分析と企業研究は車の両輪

「彼を知り己を知る者は百戦殆《あや》うからず」、あるいは「彼を知り己を知れば、百戦して殆うからず」という成句を知っていますか？　これは中国の春秋戦国時代の兵法書『孫子』の「謀攻篇」にある有名な一節です。紀元前五〇〇年頃に書かれたとされる『孫子』は、その含蓄の深さ、内容の普遍性から、今日のビジネスの世界でもよく引用されます。

この成句には続きがあります。「故曰、知彼知己者、百戦不殆、不知彼而知己、一勝一負、不知彼不知己、毎戦必殆」。「相手を知り自分を知る者は百戦しても危うくならない。相手を知らずに自分を知れば、勝つか負けるか分からない。相手を知らず自分を知らなければ、戦うたびに危うくなる」。

これを就活に当てはめると、「志望企業のことをちゃんと知り、自分の性格や能力もしっかり理解している者は採用試験で危機に陥ることがない。自己分析をしっかりやっても、志望企業のことをちゃんと研究せずに採用試験に臨めば、成否は分からない。企業研究も自己分析も十分にしないで採用試験を受ければ、いつも危機に直面する」ということになるでしょうか。

就活本や就職情報サイトでは自己分析の重要性が強調され、そのためのツール（テスト、チェックリスト、ワークシートなど）が紹介・提供されています。他方、業界や企業の研究・分析については、まずは就職情報サイトが有用です。この手のウェブサイトには諸業界・諸企業に関する記事が掲載され、諸企業のウェブサイトへのリンクもあるので、いつでも志望企業の情報を得ることができます。また、『会社四季報』、『日経会社情報』、『会社四季報業界地図』、『日経業界地図』、日経文庫の業界研究シリーズなどといった雑誌や本からもたくさんの情報を得ることができます。

しかし、採用担当者からは学生の研究不足、**「企業研究の不十分さ」を指摘する声が多くあります**。あなたは「知彼知己者」ですか？　自己分析だけでなく、企業研究にも熱心になりましょう。

２ 人気企業ランキングの意義の低下――企業研究がますます重要に

第Ⅰ章を終えるに当たって、近年の人気企業ランキングを巡る動きを紹介し、企業研究がこれからますます重要になることを指摘して、次章につなげることにします。

従来、日本の大学生、特に大企業の本社が多い大都市圏の大学生は、就職について、ブランド志向、ランキング依存症の傾向が強いとされてきました。ときには、ランキングの上位から順番に、入れそうなところの試験を受けていく、といったこともあったようです。事業内容や経営理念といったものはさておき、ランクが上で知名度が高いところならそれで満足だったのかもしれません。

日本企業の多くは「新規学卒一括採用」という雇用慣行の下、四月に新規学卒者を一度に大量に雇用します。就活生にすれば、それまでの小中高大の入試・入学と同様の制度ということから、「有名なところに入りたい」ということになるのも仕方ないでしょう。

しかし、近年、人気ランキング上位の大企業やブランド企業への集中傾向が少しずつ弱まってきているようです。就活生に対する意識調査（たとえば「二〇一二年卒マイコミ大学生就職意識調査」）でもその状況が分かります。そうした情勢の下、リクルート社は就活生の人気企業ランキングを二〇一二年春卒業の分から公表しないことを決めました。同社はその理由を「今や五〇％を超える大学・短大進学率によって学生の増加と価値観の多様化が進む中、一律のランキングを発表する意味が薄れたため」と説明していますが、ランキングにこだわり過ぎる学生が多いことへの警鐘という意味もあるようです。

年によって業種の人気には変動があるものの、ランキングの上位に来るのは、商品やCMなどでお馴染の大企業や就職イベントに熱心なＢ to Ｃ（Business to Consumer）企業（一般の消費者を相手にビジネスをしている企業）がほとんどです。Ｂ to Ｂ（Business to Business）企業（企業を相手にビジネスをしている企業）の場合には、技術力が高く、その分野では競争優位性があってシェアが高い優良企業であってもランク入りが難しいのが実情です。

つまり、人気ランキングに気をとられていると、上位には顔を出さない優良企業を見落としてしまい、出会いの機会を逃してしまう虞があるのです。人気ランキング依存からの脱却の風潮は、学生一人一人に自分なりの企業の見方、選び方を求めることになります。そうした意味からも、就活における業界・企業研究の重要性は高まっており、したがってまた、就活生に分かりやすい業界・企業研究の方法が工夫・紹介されることが求められます。

第Ⅱ章　業界を知る

第1節　業界研究の手順

業界研究というと、何だかとても難しいイメージがあるかもしれません。しかし、志望企業の選定や面接等の準備に当たり、業界研究は避けて通ることができません。これから就活を始めようとする場合、まずは世の中にどのような業界や企業があるのかを知る必要があります。また、すでに志望企業が決まっている場合であっても、試験の本番に向けてより詳細な分析を進めなければなりません。もちろん、自己分析で把握した自分の適性と志望業界で求められる適性の一致点を知るためにも、業界研究は必要不可欠な作業であるといえます。

では、業界研究はどのような手順で進めればよいのでしょうか?

業界研究は、次のように、五つのステップに分けてとらえることができます。

＜ステップ1　そもそもどんな業界があるのか＞↓　本章第2節・第3節を参照

まずは世の中にはどのような業界があるのかを知ることが重要です。業界や企業に関する予備知識がまったくない場合には、世の中にある業界を広く浅く知ることから始めるとよいでしょう。「世の中にはどんな業界があるのか？」、「○○業界にはどんな企業があるのか？」といった基本的な内容を知ることから始め、興味・関心のある業界を絞り込んでいきましょう。

＜ステップ2　志望業界の概要を知る＞

ある程度、業界を絞り込むことができたら、次はその業界の概要を知りましょう。ここでは、志望業界の現状や課題や将来性を的確にとらえるために、左記のようなさまざまな視点による多角的な分析が求められます。

○歴史・沿革
○規模や特性（収益性等）
○構成企業の動向（ライバル関係等）
○ほかの業界との関係（取引関係、新規参入の可能性）

○国際性（海外の企業との競争や協力関係）
○将来性（構造変化等の可能性）

＜ステップ3　志望企業を選ぶ＞

志望業界の概要を知ることによって、同じ業界であっても、企業によってさまざまな「違い」があることも理解できるはずです。それは商品・製品やサービスの面における違いのこともあれば、経営理念や将来のビジョンにおける違いのこともあります。そのような「違い」に着目して、自分の関心や適性に合った企業を選定してみましょう。

＜ステップ4　志望企業との関係からより詳細に業界を分析＞　↓　本章第4節を参照

志望企業が決まったら、次は試験の準備ということを意識した段階に移行します。「3C分析」や「SWOT分析」といった分析フレームワークを活用して、より詳細な分析を行ないます。このステップは一連の業界研究の要になります。しっかり取り組みましょう。

＜ステップ5　持論を持つ＞　↓　本章第5節を参照

最後は、業界の現状や将来に関して自分なりの考え、つまり持論を見出す段階です。業界研究においては、業界について、その現状や課題を把握するだけでなく、自分なりの考えを持つことが重要です。そして、その持論の下、業界と企業について志望動機をまとめてみましょう。**持論を持つことは、**面接の際に**ほかの人との「違い」をアピールする上で役立ちます**。

以上の五つのステップを踏まえて業界研究に取り組んでみてください。業界研究を通じて、先入観や単なるイメージにとらわれることのない、**しっかりした持論**を持つことができるはずです。

第2節　業界情報の収集

分析のための情報はどのようにして収集すればよいのでしょうか。業界情報の収集については一般に次のような方法が挙げられます。

1　新聞・雑誌

新聞は、世の中の動向を把握するためにも、日々目を通すことを心掛けてください。一般紙でも各業界の動向を大まかにはつかむことができますが、できれば『日本経済新聞』や『日経産業新聞』や『日経ＭＪ（流通新聞）』など、経済、産業、流通の問題に多くの紙面を割いた新聞を読んだほうがよいでしょう。また、新聞以外にも、『日経ビジネス』、『週刊ダイヤモンド』、『週刊東洋経済』、『エコノミスト』、『プレジデント』などといったビジネス誌によっても、業界情報を幅広く集めることができます。

2 書籍

近頃はさまざまな業界情報が一冊にまとめられた便利な本もあります。また、より詳細、より専門的な分析については、たとえば『銀行』や『小売り』とか、『金融業界』や『流通業界』とかいったように、業界ごとにまとめられた本があります。こうしたものはまずは就活用の本として書かれていますが、就活本以外にも業界について書かれた本は少なくなく、そうした本に目を通すことによって、就活以外の目線で業界をとらえることも有意義です。

3 ウェブサイト

企業のウェブサイトの利用はいうまでもなく、シンクタンクやアナリストのサイトに掲載された調査レポート等の活用によって有用な業界情報を収集することもできます。就職情報サイトの類いもありますが、この手のサイトは広告的な性格も併せ持っているため、業界や企業の良い面ばかりを述べているケースも少なくありません。したがって、それだけに頼ることなく、ほかの情報源と併用する必要があります。また、これに限らず、ネット上の情報を用いる場合には、その情報源が信頼できるものかどうかをしっかり見極めることが大切です。

4 企業の説明会

興味を持った企業の説明会に積極的に参加することは、むろん、情報収集において重要です。企業の説明会に参加することによって、実際にその業界や企業にかかわっている人の生の声を聞くことができます。また、良い意味でも悪い意味でも、その業界や企業の雰囲気を肌で感じることもできます。説明会への参加が難しい場合にも、資料請求等によって、できる限り多くの情報を集めましょう。

5 人に聞く

興味を持った業界や企業で働くＯＢ・ＯＧがいる場合には、その人たちから話を聞くことが望ましいのですが、個人情報保護法の施行後、就職部やキャリアセンターを通じてOB・OGの情報を入手することが困難になっています。そこで、そうしたOB・OGの話を聞くためには、たとえばゼミの先生などのような、誰か信頼のおける人に仲介役になってもらい、適任者を紹介してもらうという手が考えられます。ただし、人から話を聞く場合には、その人の立場によって情報に偏りがありうるということに注意してください。

第3節　関心のある業界を探す

本節では各業界の概要と代表的な企業を紹介します。少しでも関心を持った業界があったら、自分で詳細な分析に取り組みましょう。

1 金融関連――銀行、保険、証券

(i) 銀　行

銀行とは、個人や企業から預金を集め、個人や企業に融資する金融機関のことです。銀行の種類には、都市銀行（大都市に営業基盤を持ち、海外も含む各地に支店を有し、全国規模で営業している銀行）、地方銀行（本店を地方に置いて、その地域を主たる営業基盤

とし、全国地方銀行協会に加盟している銀行）、第二地方銀行（一九八九年以降、相互銀行から普通銀行になり、第二地方銀行協会に加盟している銀行）、信託銀行（財産の所有者から信託を受け、その財産の管理、売買を行なう銀行）、信用金庫（協同組織による地域密着型の金融機関）があります。

　現在の日本には、三菱ＵＦＪフィナンシャル・グループ、みずほフィナンシャルグループ、三井住友フィナンシャルグループの三大メガバンクがあります。メガバンクとは巨大金融グループのことで、単なる銀行の集合体ではなく、証券会社、信託銀行、クレジットカード会社、信販会社、シンクタンクなどとのネットワークを有しています。近年は、こうした総合金融機関としての強みを発揮して、貸付業務や為替業務のほかに、デリバティブ等を駆使した新たな金融商品の開発、Ｍ＆Ａ（企業の合併と買収）の支援等、さまざまなビジネスを手掛けるにいたっています。今後は、国際的な自己資本比率基準をクリアするためにも、安定的な収益源を模索するとともに、国内だけでは成長に限界があることから、成長著しい新興国市場における顧客獲得と事業拡大が重要になります。

＜代表的な会社（または持株会社）＞

　ゆうちょ銀行、三菱ＵＦＪフィナンシャル・グループ、みずほフィナンシャルグループ、三井住友信託銀行、横浜銀行、ふくおかフィナンシャルグループ

(ii) 保険

保険会社には、死亡や入院などにかかわる生保商品を扱う生命保険会社と、災害や事故などにかかわる損保商品を扱う損害保険会社があります。

生命保険会社は保険料による収入以外にも、契約者から預かった保険料を株式や債券等で運用することによっても多額の収入を得ています。生命保険は、長期契約によるため、単年度の契約が多い損害保険と比べ、安定的な保険料収入が見込めます。しかし、近年は、国内市場の縮小、異業種企業や外資系企業の参入、保険料率の自由化、ネット生保の台頭などにより、生命保険業界にも大きな変化が見られます。

損害保険会社は災害や事故等による損失の補償を目的とする保険商品を販売しており、販売代理店による保険料収入が収入全体の九割程度を占めています。損害保険会社の多くはその収入の五割程度を自動車保険に依存していることから、自動車の販売台数の増減が損害保険会社の収益のカギを握っている状況にあります。そうした中、昨今の若者の自動車離れが自動車保険市場の縮小に拍車をかけており、それが損害保険業界の再編の主な要因とされています。

以上のように、生保、損保ともに国内の保険業界は厳しい状況にありますが、積極的な海外展開や第一分野（生保商品）と第二分野（損保商品）の中間に当たる第三分野の商品

（疾病、障害、介護、所得保障等の保険商品）への取り組みも期待されるところです。

〈代表的な会社（または持株会社）〉

かんぽ生命保険、日本生命保険、明治安田生命保険、ＭＳ＆ＡＤインシュアランスグループホールディングス、東京海上ホールディングス、ＮＫＳＪホールディングス

(ⅲ) 証　券

証券会社の主な業務には①ブローカー業務（顧客からの売買委託注文の業務）、②ディーラー業務（証券会社自身が自己資金で行なう売買業務）、③アンダーライティング業務（上場会社の株式や債券等の証券発行の引き受けや売り出しの業務）などがあります。

もともと証券会社の収益はブローカー業務に依存していましたが、一九九九年に株式売買手数料が自由化され、また、一九九八年に証券業者が免許制から登録制に規制緩和されたことにより、異業種企業や外資系企業の証券業界への参入が相次ぎ、競争が激化しています。そのため、証券会社はネットによる業務を強化するとともに、アジア等の海外市場に活路を見出そうとしています。

〈代表的な会社（または持株会社）〉

野村ホールディングス、大和証券グループ本社、ＳＭＢＣ日興証券、三菱ＵＦＪモルガン・スタンレー証券、みずほ証券、ＳＢＩ証券、マネックス証券

2　流通・小売り関連——コンビニ、総合スーパー、百貨店、アパレル

（i）コンビニ

一般にコンビニは年中無休・長時間営業で、そうした利便性を武器に生活必需品を定価で販売するビジネスモデルが特徴的です。近年、コンビニの店舗数は全国で四万二〇〇〇以上にのぼり、市場の飽和感が否めません。そうした中、不採算店舗を閉鎖しつつ、積極的な出店戦略に出るとともに、中国や東南アジアなどの新たな市場開拓を進める企業もあります。今後は、ナショナルブランド商品の値下げ、プライベートブランド商品による差別化、ポイントカードによる顧客の囲い込み、同業他社や異業種企業との積極的な提携など、ライバル企業との競争を有利に展開するための取り組みが求められています。

＜代表的な会社（または持株会社）＞

セブン＆アイ・ホールディングス、ローソン、ファミリーマート、サークルKサンクス

（ii）総合スーパー

総合スーパーは生活に必要な商品を総合的に扱う小売り業です。つまり、総合スーパーの特色は、何といっても、食品から衣料品、日用品、住関連用品にいたるまで、幅広く商品を取り揃えているため、さまざまなものをワンストップで買うことができる点にありま

す。近年は、ディスカウントストアの台頭により、価格競争が激しさを増しています。そのため、どの総合スーパーもプライベートブランド商品の開発を進めるとともに、海外出店のペースを加速させています。また、画一的な店舗設計を廃して地域に合わせた店舗作りへ転換したり、ネットスーパーに力を入れたりといったように、独自のビジネス展開を積極的に進める動きもあります。

＜代表的な会社（または持株会社）＞
セブン＆アイ・ホールディングス、イオン、ユニー

(iii) 百貨店

百貨店業界は今まさに大きな転換期にあります。かつてのバブル景気の頃は多くの消費者が高級ブランド等を買い求めたこともあり、積極的な設備拡充を進めた百貨店もありました。しかし、二〇〇〇年頃から市場規模も縮小傾向にあり、いわゆるデパ地下は健闘しているものの、服飾をはじめとするその他の商品の売上低下には歯止めがかかりません。そのため、ここ数年は業界再編や淘汰が進み、どの百貨店も大規模なリストラによる高コスト体質の改善に取り組んでいます。

また、従来のように単に売り場を提供するだけではなく、企画開発等も手掛ける百貨店が出てきている一方、ユニクロ等の低価格で集客力の高い専門店を誘致し、存続を模索す

る百貨店もあります。こうした動きは駅ビル等との業態の垣根をなくすことになりかねないため、さらなる激しい競争に巻き込まれる可能性があります。今後も業界再編や淘汰が進むことが予想されます。

＜代表的な会社（または持株会社）＞

三越伊勢丹ホールディングス、J.フロントリテイリング、高島屋、セブン＆アイ・ホールディングス

(iv) アパレル

アパレル業界は衣料のデザインや製造や流通に携わるさまざまな企業により構成されています。衣料のデザインや製造を担っていた企業が小売りも行なうようになったり、逆に小売りを行なっていた企業がデザインや製造も手掛けるようになるなどといった動きが進み、近年はデザイン、製造から小売りまでを手掛けるSPA（Speciality store retailer of Private label Apparel）が増えています。手頃な価格で品質の良い商品を求める消費者が増えていることもあり、SPAの中でも、ユニクロやしまむらといったファストファッション企業が好調です。

今後は、H＆Mやインディテックス（ザラ）、フォーエバー21といった、ファッション性に優れた商品を提供する外資系のファストファッション企業との競争激化が予想されま

す。

＜代表的な会社（または持株会社）＞
ワールド、オンワードホールディングス、ファイブフォックス、三陽商会、ワコールホールディングス、ファーストリテイリング、しまむら、ポイント

3 商社関連――総合商社、専門商社

(i) 総合商社

商社は広義の卸売企業に含まれるともされますが、実際は単なる卸売業にはとどまらないビジネスを手掛けており、そのビジネスフィールドは拡大しています。総合商社の特徴は「カップラーメンからロケットまで」と言われるように、幅広く何でも手掛ける点にあります。昨今は、主力の仲介機能だけではなく、さまざまな事業（原油、ＬＰＧ、鉄鉱石、ウラン、発電、造水、鉄道、環境・エネルギー等に関連する事業）に投資をする投資会社のような機能も有しています。こうした投資のほとんどは海外投資であり、その投資額も増大傾向にあります。このような総合商社は世界中に張り巡らされたネットワークと豊富な資金力を駆使することにより、将来性のあるビジネスへの投資を積極的に進めています。

＜代表的な会社（または持株会社）＞

三菱商事、伊藤忠商事、三井物産、丸紅、住友商事

（ⅱ）専門商社

専門商社は総合商社とは異なり、原則として一つの専門分野（機械、繊維、食品、半導体、鉄鋼、紙・パルプ、医薬品、アパレルなど）に特化しています。したがって、売上高等の事業規模も総合商社とは大きく異なっています。専門商社は専門分野の強みを活かすとともに、弱みを事業提携で補うことによって事業領域の狭さをカバーしています。他方、専門分野以外の分野に業容を拡大することによって、総合商社化する専門商社もあります。現在、総合商社は関連企業の集約や戦略分野の強化を進めており、そうした中、専門商社の合併や事業統合、再編が進められています。

＜代表的な会社（または持株会社）＞

メタルワン（鉄鋼）、日本紙パルプ商事（紙・パルプ）、国分（食品）、東レインターナショナル（繊維）、伊藤忠エネクス（燃料）、長瀬産業（化学）、日立ハイテクノロジーズ（電子部品）

4　マスコミ関連――広告、放送、出版、新聞

(i) 広　告

広告代理店は企業等の広告主からの依頼の下、テレビ、ラジオ、新聞、雑誌等のメディアから広告枠を仕入れ、制作会社とともに作った広告をテレビやラジオで流したり、新聞や雑誌に掲載したりします。ここ数年の国内の総広告費の内訳を見ると、新聞や雑誌などの伝統的な広告媒体の広告費は減少傾向にある一方、衛星メディアとネットの広告費が増加傾向にあります。そうした中、広告代理店はネット広告への戦略的対応を進めるとともに、海外企業との資本提携やM＆Aにより、成長が見込める海外市場へと軸足をシフトさせようとしています。

＜代表的な会社（または持株会社）＞

電通、博報堂ＤＹホールディングス、アサツーディ・ケイ、サイバーエージェント

(ii) 放　送

放送事業は放送番組を企画、編成し、制作された番組（制作は外部委託することが多い）を電波によって視聴者に提供するものです。たとえばテレビ局の主な収益源は、広告枠を企業に販売して得られるテレビ広告の収入です。しかし、テレビ広告費の減少により、これまでのテレビ広告に依存するビジネスモデルでは収益の確保が難しくなってきていま

す。そこで、大手のテレビ局は、地デジ化による多チャンネル化に対応するためのコンテンツの充実を急ぐとともに、イベント事業、映画製作、通販、ネット配信事業等に参入するなどして、新たな収益源を確保するための事業の多角化を進めています。今後は通信業界やネット業界との垣根がますます低くなることが予想され、放送業界は大きく変貌しようとしています。

＜代表的な会社（または持株会社）＞

フジ・メディア・ホールディングス、日本テレビ放送網、テレビ朝日、ＴＢＳホールディングス、テレビ東京、日本放送協会

(iii) 出　版

出版社の主な収益源は、出版物の販売収入と雑誌等に掲載された広告による収入です。インターネットの普及や若者の活字離れ、新古書店の増加などの影響により、出版業界を取り巻く環境は厳しさを増しており、雑誌の休刊や廃刊も相次いでいます。こうした状況を打開するために、出版社は電子書籍ビジネスや海外ビジネスに乗り出すなどして、これまでに培った編集能力とコンテンツの強みを活かせる新たなビジネスフィールドへの展開を急いでいます。市場の拡大が期待される電子書籍ビジネスでは、電子書籍販売と書店販売でシナジーを追求するとともに、新たな需要を掘り起こすことによってこの業界全体を

活性化するビジネスのあり方が模索されています。

＜代表的な会社（または持株会社）＞
角川グループホールディングス、講談社、光文社、小学館、集英社、幻冬舎、岩波書店

(iv) 新　聞

新聞社の仕事は、取材、執筆、編集した記事を新聞として、販売代理店を通じて提供することです。新聞社の主な収入は新聞に掲載された広告の収入と新聞の販売による収入です。新聞には全国紙のほかに、地方紙・ブロック紙、業界情報に特化した専門紙、スポーツ紙などがあります。

昨今、新聞の発行部数は低下の一途を辿っており、この業界を取り巻く環境は厳しいといえます。これには若者の活字離れなど、さまざまな原因がありますが、最大の要因としてはインターネットニュースの普及が考えられます。こうしたインターネット分野における競争が本格化する中、異業種企業との提携や紙媒体とネット媒体の融合等をいかに進めるかが今後の課題になっています。

＜代表的な会社（または持株会社）＞
読売新聞グループ本社、朝日新聞社、毎日新聞社、日本経済新聞社、中日新聞社、北海道新聞社

5 自動車・機械関連──自動車、自動車部品、建設機械、工作機械

(i) 自動車

リーマンショックから立ち直って回復基調にある世界市場とは対照的に、国内の自動車市場は停滞感が否めません。そのため、自動車メーカーは先進国におけるマーケットシェアの維持に力を入れるとともに、BRICs(ブラジル、ロシア、インド、中国)をはじめとする新興国におけるマーケットシェアの拡大に力を入れています。また、環境問題への意識が高まる中、ハイブリッドカーや燃料電池車といった日本の自動車メーカーが強みとする環境対応車の開発をいっそう強化しています。環境対応車の普及については、価格の引き下げや充電インフラの整備といった解決すべき課題は多いものの、今後の動向が注目されます。

<代表的な会社(または持株会社)>

トヨタ自動車、本田技研工業、日産自動車、マツダ、三菱自動車工業、ダイハツ工業、スズキ、富士重工業

(ii) 自動車部品

自動車の生産には、タイヤ、エンジン、ブレーキをはじめとする二万点ないし三万点に

及ぶ部品が必要です。日本の自動車メーカーの多くは、たとえばトヨタ自動車系や日産自動車系などといった「系列」の部品メーカーから部品を調達して自動車を組み立てています。また、自動車メーカーと部品メーカーが、自動車の開発段階から部品の高機能化にいたるまで、協業によって仕事を進めている点も日本の自動車業界の特徴です。そのため、自動車部品メーカーの将来は自動車メーカーの将来に大きな影響を受けることになります。

昨今、国内の自動車市場が飽和状態に達する中、自動車の主戦場は新興国にシフトしています。こうした動きに対応すべく、自動車部品メーカーも積極的に新興国に進出し、原材料の調達や生産における現地化を進めています。

＜代表的な会社（または持株会社）＞

デンソー、アイシン精機、トヨタ車体、カルソニックカンセイ、日産車体、ジヤトコ、八千代工業、ケーヒン、ショーワ、日本精工、ＮＴＮ

(iii) 建設機械

建設機械とは、ブルドーザー、クレーン、油圧ショベルなどのような、土木や建築の作業で使われる機材のことです。現在、建設機械メーカーの業績は、国内需要の低迷が続いているものの、ＢＲＩＣｓをはじめとする新興国のインフラ需要に支えられ、リーマンショック直後の大幅な需要減から立ち直りつつあります。新興国市場では、低価格を武器とする中国や韓国等の新興企業との競争も激しさを増しつつあります。そのため、従来以上に新興国市場向けの製品開発に力を入れるとともに、効率的な販売体制の強化によって、新興企業との差別化を図る必要があります。

＜代表的な会社（または持株会社）＞

コマツ、日立建機、コベルコ建機、住友建機

ⅳ）工作機械

工作機械とは、旋盤や研削盤などのような、金属等を加工するための機械のことです。工作機械業界はモノ作り大国日本を支えてきた業界です。最近は国内の自動車関連の需要が減少傾向にあることから、工作機械の国内需要も落ち着いています。しかし、中国をはじめ、アジアの自動車メーカーや半導体メーカーが設備投資を活発化させていることにより、海外受注が増加傾向にあります。工作機械メーカーの中には、アジアからの需要の拡大を背景に、積極的な海外展開を進めようとする企業も出てきています。ただし、依然として、国内の工作機械メーカーの輸出割合は高く、為替変動の影響を受けやすいことから、今後も引き続き海外における生産体制や販売・サービス体制の強化が求められます。

＜代表的な会社（または持株会社）＞

ファナック、安川電機、不二越、アマダ、東芝機械、森精機製作所、オークマ、ジェイ

テクト

6　エネルギー関連——電力、ガス、石油

(i) 電　力

電力会社は発電し、家庭や企業などに電気を供給しています。電力会社のビジネスは発電所と送電網という巨額の設備投資をともなうことから、装置産業の性格を有しています。電力の自由化以降、電力業界では、ガス会社をはじめとする異業種企業との競争が過熱しています。そのため、電力会社は「オール電化」の推進により、顧客の囲い込みを積極的に進めようとしています。

現在、国内の発電エネルギーの五割以上が莫大なCO_2の排出をともなう石油、石炭、天然ガスといった化石燃料に依存しています。今後は環境問題の観点から、スマートグリッド（次世代送配電網）をはじめとする環境負荷の少ないエネルギーシステムの利用促進が期待されています。

＜代表的な会社（または持株会社）＞

東京電力、関西電力、中部電力、東北電力、中国電力、九州電力、北海道電力

(ⅱ) ガ ス

ガス業界は公益性が高いため、独占供給や安定供給の義務などについて保護と規制を受けています。この業界は、東京ガス、大阪ガス、東邦ガスの大手三社でマーケットシェアの大半を占めており、残りは全国に二〇〇社以上ある中堅・中小の企業で分け合っています。昨今は規制緩和が進み、電力や鉄鋼等の異業種企業の参入が相次いでいます。

近年、電力会社は「オール電化」を積極的に推し進めており、ガスの需要減少が懸念されます。こうした流れに対抗して、ガス会社はガスで熱と電力を賄う「コージェネレーション(熱電併給)」を推し進めています。今後もガス業界と電力業界の攻防が続くことが予想されます。

＜代表的な会社(または持株会社)＞

東京瓦斯、大阪ガス、東邦ガス、京葉瓦斯、西部ガス

(ⅲ) 石 油

石油会社は、資源開発を手掛ける会社と石油の精製・元売りを手掛ける会社の二つに分けられます。前者のタイプのビジネスはハイリスク・ハイリターンの性格を有するため、資金の潤沢な欧米の国際石油資本(メジャー)が手掛けることが多く、日本の石油会社のほとんどは後者のタイプです。日本の石油会社は原油の大部分を輸入に依存しているため、

原油価格や為替の影響を受けやすいといえます。また、石油資源の枯渇や環境意識の高まりから、将来的にはエネルギー源に占める石油の割合は低下することが予測されます。そのため、石油会社は太陽光発電やバイオ燃料などの代替エネルギー分野に取り組むとともに、事業の多角化や海外事業を積極的に推進しようとしています。

＜代表的な会社（または持株会社）＞
ＪＸホールディングス、出光興産、コスモ石油、昭和シェル石油、東燃ゼネラル石油

7 建設・不動産関連――建設、住宅、不動産

(ⅰ) 建　設

建設業は、ビルやマンションの建設にかかわる建築分野と道路やダムの建設にかかわる土木分野に分けられます。この業界は、発注者から仕事を請け、施工管理を行なうゼネコンと、ゼネコンを頂点にその下に位置する下請けや孫請けといった実際の工事を担当する中小・零細企業からなり、まさにピラミッド型の業界構造になっています。近年、公共事業の削減や景気低迷の影響を受け、国内市場の縮小が急速に進んでおり、建築分野、土木分野ともに厳しさを増しています。そのため、大手のゼネコンはその資金力と技術力を武器に海外展開を志向する傾向にありますが、準大手や中堅のゼネコンにおいては再編や淘

汰が進んでいます。さらに、地方の中小・零細企業においては事業の継続が困難となり、転業したり、廃業に追い込まれたりするケースが目立っています。

＜代表的な会社（または持株会社）＞

鹿島建設、清水建設、大成建設、大林組、竹中工務店

(ii) 住　宅

住宅業界は、建設業界と同様、大手企業から中小・零細企業まで、多数の業者がひしめき合っています。現在のところ、国内では少子化や雇用環境の厳しさから、将来的な住宅需要の伸びは期待できない状況にあります。耐震性に優れた住宅や環境に配慮した住宅への需要はありますが、全体的な市場の縮小傾向に変わりはありません。そうした中、大和ハウス工業や積水ハウスなどは中国やオーストラリアにおいて、住宅賃貸事業に加え、マンションや商業施設の開発事業に注力しています。住宅業界では、大手企業を中心に、このような海外事業、あるいはリフォーム事業などの新たな事業へのシフトを試みる動きもあります。

＜代表的な会社（または持株会社）＞

積水ハウス、大和ハウス工業、積水化学工業、タマホーム

(ⅲ) 不動産

不動産業は、分譲業（土地を取得して造成し、住宅等を建築したものの販売）、賃貸業（ビルや住宅の賃貸）、流通業（ビルや住宅や土地などの売買や仲介）、管理業（ビルやマンションの管理）に分けられます。オフィスビルの賃貸市場や個人向けの新築分譲マンション市場など、国内の不動産市場はまだまだ好転の兆しが見られません。そのため、大手企業の中には自己所有物件の売却を進め、それで得られた資金を新規事業に振り向けようとしているものもあります。たとえば三井不動産は中国で住宅開発事業やアウトレット事業を手掛けるなど、海外での事業展開に力を入れつつあります。また、金融危機後の景気低迷の影響から、資金繰りに窮した会社の提携や買収の動きもあります。今後とも景気が回復しない限り、さらに淘汰や業界再編が進むことが予測されます。

＜代表的な会社（または持株会社）＞

大京、三井不動産、三井不動産リアルティ、三井不動産ビルマネジメント、三菱地所、三菱地所レジデンス、三菱地所ビルマネジメント

8 運輸関連――鉄道、空運、陸運、海運

(i) 鉄　道

ここ数年、高齢化や都心への回帰にともない、鉄道の利用者数は微増傾向にあります。ただし、このまま人口減少が進んだ場合、運賃収入に依存する鉄道会社の収益も減少することは必至です。そこで、多くの鉄道会社は沿線や駅周辺の開発、駅ナカビジネス、ホテルや百貨店の運営などに力を入れています。最近ではＳｕｉｃａ等のＩＣカードを活用したビジネスを積極的に進めており、顧客の囲い込みや顧客の消費行動に添ったサービスの提供に取り組んでいます。また、新たな動きとしては、ＪＲ東日本やＪＲ東海による農業事業への参入が挙げられます。今後の鉄道業界では、既存の鉄道事業の効率化とともに、不動産や流通などの非鉄道事業の強化が重要な鍵を握ると考えられます。

＜代表的な会社（または持株会社）＞

東日本旅客鉄道（ＪＲ東日本）、東海旅客鉄道（ＪＲ東海）、東京急行電鉄、西日本旅客鉄道（ＪＲ西日本）、近畿日本鉄道

(ii) 空　運

昨今、海外のＬＣＣ（Low Cost Carrier）の参入、新幹線や深夜バス等のほかの交通機関の充実などにより、国内の航空会社にとっては極めて厳しい状況が続いています。また、

大手航空会社によるＬＣＣ参入や羽田空港の国際化など、今後の業界動向を左右する動きも出てきています。この業界では、航空会社間における提携戦略や航空連合同士の競合も活発化してきています。こうした状況によって「空の価格破壊」がいっそう進み、国内外の航空会社間における価格競争の激化が予想されます。そのため、航空会社は、サービスの見直しや人件費の削減をこれまで以上に進めるなどして、徹底的なローコスト経営を実現することが求められています。今後は国内外のＬＣＣを中心とした本格的な大競争時代に突入することが必至であり、厳しいサバイバルレースが日本国内でも繰り広げられようとしています。

〈代表的な会社（または持株会社）〉
日本航空、フジドリームエアラインズ、全日本空輸、北海道国際航空、スカイネットアジア航空、スターフライヤー

(ⅲ) 陸　運

引っ越しから製品の輸出入までを扱う陸運業界は、主にトラックによる貨物の輸送サービスを提供し、物流業務のアウトソーシングが進んだことによって成長してきました。この業界は、全国的なネットワークを強みとする大手企業と地元に密着した多数の中小・零細企業からなります。一九九〇年に参入規制が免許制から許可制へと緩和されたことに

よって多くの新規参入があり、業界全体の競争は厳しい状況にあります。今後は国内需要の減少がいっそう進むことが予想されるため、海運業界や空運業界などの異業種を巻き込んでの業務提携や国際物流業務の強化が求められます。

＜代表的な会社（または持株会社）＞

郵便事業株式会社、日本通運、ヤマトホールディングス、セイノーホールディングス、福山通運、SGホールディングス

(iv) 海運

海運業界は、日本郵船、商船三井、川崎汽船の大手三社とその関連会社、そして多くの中小・零細企業からなっています。海運会社の主なビジネスは旅客や貨物の輸送ですが、収益の多くは資源や工業製品等の貨物輸送に依存しています。とりわけ、大手海運会社の場合、国内と海外の輸送だけでなく、諸外国間の輸送も積極的に手掛けていることから、売上の八割以上を海外ビジネスの売上が占めています。そのため、大手海運会社の業績には世界経済の動向に左右される面があります。リーマンショックの影響により、一時的に悪化した大手海運会社の業績は、中国やインドをはじめとする新興国の需要拡大により、中長期的には安定的に推移すると考えられます。今後も引き続き新興国の需要増加が見込まれますが、こうした好機を確実に収益に結びつけるための、より盤石なグローバルネッ

トワークの確立が求められています。

＜代表的な会社（または持株会社）＞

日本郵船、商船三井、川崎汽船

9 食品関連――食品、飲料、ビール

(i) 食　品

一口に食品業界といってもその取り扱い品目は、即席麺、冷凍食品、調味料、食用油、砂糖、乳製品、菓子、パン、食肉、ハム・ソーセージなど、実に多岐にわたりますが、この業界全体の問題としては、原材料や燃料等のコスト上昇による企業収益の圧迫があります。こうした状況を受け、食品会社は製品の価格を引き上げたり、内容量を削減したりと苦肉の策を講じていますが、この手の試み自体が売上の低迷につながるなどといった悪循環に陥っている面もあります。また、将来的な国内市場の縮小をにらみ、同業他社と資本・業務提携を進めたり、成長途上にある新興国に目を向けたりといったような、将来の生き残りをかけた食品会社の積極的な動きが見られます。

＜代表的な会社（または持株会社）＞

日清食品ホールディングス、東洋水産、味の素、キユーピー、キッコーマン、日清製粉

グループ本社、日本製粉、三井製糖、明治ホールディングス、ロッテ、山崎製パン

(ii) 飲　料

飲料業界では毎年、実に多くの新商品が出るものの、その中で翌年まで小売店や自動販売機等で扱われる商品は一％未満といわれています。たとえヒット商品が出たとしても、ライバル企業による模倣商品がすぐさま店頭に並ぶため、それが継続的に大きな収益源になることは少なくなってきています。全体として市場の成熟化が進んでいるため、どの企業も、物流や資材調達等における提携、不採算事業部門の売却、海外事業の積極的な展開など、現状を打破するための戦略的対応を急いでいます。

＜代表的な会社（または持株会社）＞

日本コカ・コーラ、サントリーホールディングス、伊藤園、キリンビバレッジ、日本たばこ産業、アサヒ飲料

(iii) ビール

ビール業界は、若者のビール離れや消費者の節約志向により、厳しい状況が続いています。九〇年代半ばの規制緩和以降、小規模な地ビールメーカーが次々と誕生したものの、基本的にはキリン、アサヒ、サントリー、サッポロの四社を中心とした激しい競争が繰り広げられています。昨今はビール系飲料（発泡酒や第三のビール）やプレミアムビールな

どで健闘しているメーカーもありますが、国内市場の出荷量は依然として減少傾向にあります。そのため、どの会社も、業種や国境を越えた資本・業務提携を進めたり、発酵技術を活用した事業の多角化を進めたりして、国内のビール事業に依存しない体制作りを進めようとしています。

＜代表的な会社（または持株会社）＞

キリンホールディングス、アサヒグループホールディングス、サントリーホールディングス、サッポロホールディングス

10　生活関連――医薬品、化粧品・トイレタリー

(i)　医薬品

医薬品は医療用医薬品と一般用医薬品に分けられます。このうち、医療用医薬品は特許に守られた新薬と、特許が無効になったのちに同じ成分で製造される同じ効能のジェネリック医薬品に分けられます。

新薬の開発には多額のコストと長い年月がかかりますが、新薬の開発に成功すれば大きな収益がもたらされる反面、極めて不確実性が高いというリスクがあります。大手の製薬会社の多くが二〇一〇年までに主力製品の特許切れ（いわゆる二〇一〇年問題）を迎え、

どの会社も新薬の開発を急いでいるものの、苦戦しています。一方、医療費の高騰が問題になっている昨今、新薬に比べて安価なジェネリック医薬品の需要拡大が期待されています。ただし、こうした期待の高まりから、ジェネリック医薬品市場への新規参入も相次いでおり、競争の激化が懸念されています。

＜代表的な会社（または持株会社）＞

武田薬品工業、アステラス製薬、第一三共、エーザイ、大塚ホールディングス、日医工、沢井製薬、東和薬品

（ii）化粧品・トイレタリー

本来、トイレタリー（toiletry）とは「化粧品」のことです。ただし、通常は化粧品とトイレタリーを別にとらえ、「トイレタリー」は石鹸やシャンプーなど、身体をきれいに手入れするためのものを意味します。化粧品・トイレタリー業界は国内需要の低迷と外資系企業の市場参入により、競争が激化しています。この業界はブランド力とイメージが販売に直結することから、どの企業も、これまで以上にブランド戦略やイメージ戦略に力を入れるとともに、アンチエイジング効果やホワイトニング効果などを謳った機能性商品の開発に取り組んでいます。また、近年は製薬会社や原材料メーカーなど、異業種企業の化粧品業界への参入もあります。そうしたこの業界では、国内市場の成熟によって今後の成

長の軸となることがほぼ確実なアジア市場の開拓を急ぐ動きが見られます。

＜代表的な会社（または持株会社）＞

花王、資生堂、ユニ・チャーム、ライオン、サンスター、コーセー、ファンケル、マンダム

11　素材関連――化学、鉄鋼、繊維、ガラス、製紙

(i) 化　学

化学業界という場合、主にエチレン、ベンゼン、プラスティック、合成繊維などを扱う石油化学業界を意味するのが一般的です。近年、石油化学製品の原材料であるエチレンが中国や中東諸国の化学会社から安価で出荷されているという動きもあり、コスト競争力で劣る国内企業は急速に国際競争力を失ってしまう懸念があります。そこで、国内企業は付加価値の高い高機能事業に力を入れることによって収益を確保しようとしています。今後、新興国を中心に自動車やエレクトロニクス製品の旺盛な需要が見込めることから、化学業界の成長が期待できます。そのため、規模の拡大によって効率的な生産体制を整えることを目的とした提携やM&Aも活発に進められています。

＜代表的な会社（または持株会社）＞
三菱化学、住友化学、三井化学、旭化成、東ソー、信越化学工業

（ii）鉄　鋼

鉄鋼需要は国内では縮小傾向にありますが、海外では好調に推移しています。そのため、中国やインドを中心とする新興国における自動車や建設にかかわる鉄鋼需要への対応が急務になっています。ただし、海外では、業界の再編により、国内の大手メーカーの数倍の生産力を有する巨大な鉄鋼メーカー（アルセロール・ミタルなど）も誕生しています。海外の巨大な鉄鋼メーカーはスケールメリットによるコスト競争力があるため、国内の鉄鋼メーカーは苦戦を強いられています。また、多額の輸送コストや長期化する円高による為替の問題は、輸出に依存している鉄鋼メーカーにとってコスト競争の妨げになっています。今後は規模の拡大が進められるとともに、生産拠点の海外移転がよりいっそう推進されると考えられます。

＜代表的な会社（または持株会社）＞
新日本製鐵、ＪＦＥホールディングス、住友金属工業、神戸製鋼所、東京製鐵、大和工業

（ⅲ）繊　維

かつては花形業界と見られていた繊維業界は、海外企業による安価な汎用繊維の台頭によって大きく変貌しようとしています。汎用繊維の生産には高いレベルの技術を必要としないため、低価格を武器とするアジア系企業が存在感を増しています。そのため、コスト競争力で劣る国内の繊維メーカーは新たな対応を迫られています。たとえば国内繊維業界の牽引役である東レは、アパレル企業等と機能素材を活用した製品開発に取り組む一方、これまでに培った技術力を駆使した自動車や航空機向けの炭素繊維などの先端的製品へのシフトを急いでいます。また、排水処理や医薬品などの非繊維分野において事業拡大を進める動きも目立ってきており、どの企業も将来の収益の柱となる成長分野を模索している状況です。

＜代表的な会社（または持株会社）＞

東レ、帝人、三菱レイヨン、旭化成、クラレ、ユニチカ、東洋紡績

（ⅳ）ガラス

ガラス製造は、建材や自動車に用いられる板ガラスの分野と液晶などのディスプレイ用のガラスの分野に分けられます。現在、板ガラス市場は旭硝子、日本板硝子、セントラル硝子の三社の寡占状態になっています。ガラス製造は生産プロセスにノウハウが多く、巨

額の設備投資を必要とする装置産業であることがその主な要因です。自動車用の板ガラスは新興国の需要に支えられ、市場の拡大が見込めます。また、収益性が高いとされるディスプレイ用のガラスは、旭硝子とアメリカのニューヨーク州に本社を置くコーニングが市場を二分しています。今後は太陽電池用ガラスの需要増が期待され、また、環境配慮型のガラスも有望視されています。

＜代表的な会社（または持株会社）＞
旭硝子、日本板硝子、ＨＯＹＡ、日本電気硝子、セントラル硝子

(v) 製　紙

製紙業界の最も大きな特徴は、紙それ自体の差別化が困難なため、価格競争に陥りやすいことです。したがって、製紙業界ではスケールメリットによるコスト競争力が重要になっています。近年は、インターネットの普及によるペーパーレス化の進行やコスト競争力を有するアジア系企業の台頭もあり、国内メーカーを取り巻く状況は厳しくなっています。そのため、国の内外を問わず、製紙業界における淘汰・再編は今後も続くものと考えられます。また、国内の需要が伸び悩む中、王子製紙や日本製紙グループといった大手を中心に、中国、ＡＳＥＡＮ、オセアニアなどにおける海外展開を本格化させる動きもあります。

＜代表的な会社（または持株会社）＞
王子製紙、日本製紙グループ本社、大王製紙、三菱製紙、北越紀州製紙

12 レジャー・エンターテインメント関連――ゲーム、ホテル、旅行

(i) ゲーム

現在、家庭用ゲーム業界の市場規模は頭打ちの状況にあります。ソフトメーカーの定番ソフト頼み、新たな顧客層開拓の不振、海外市場における苦戦など、この業界が解決すべき課題は少なくありません。近年はパソコンや携帯電話によるSNS（Social Networking Service）で楽しむソーシャルゲームが急成長しています。ただし、ソーシャルゲームは参入障壁が低いため、競争は激しくなる傾向にあります。パッケージゲーム会社、携帯コンテンツプロバイダーをはじめ、異業種からの参入が相次いでおり、すでに過当競争の状態にあります。今後もこうした傾向が続くと考えられ、過当競争を脱するための新たな取り組みが求められています。

＜代表的な会社（または持株会社）＞
任天堂、ソニー・コンピュータエンタテインメント、コナミ、スクウェア・エニックス・ホールディングス、バンダイナムコホールディングス、グリー、ディー・エヌ・エー

(ii) ホテル

国内のホテル業界は開業ラッシュが続いたことから、全体的に供給過剰の状態にあります。一般にホテルは、主に宿泊機能を提供するビジネスホテルと宿泊機能以外にもさまざまな機能を提供するシティホテルに分けられます。ビジネスホテルはビジネス客を取り込むために単価を下げる傾向にあり、それが収益を圧迫しています。近年は低価格を強みに業績好調なビジネスホテルチェーンが各地に進出しており、さらなる競争激化につながっています。ビジネスホテルはアジア系旅行客への依存度を年々高めており、今後も海外からの旅行客をうまく取り込むための取り組みが重要になります。一方、シティホテルは都心部への外資系ホテルの参入もあり、ビジネスホテル同様に厳しい状況にあり、また、重要な収益源である結婚披露宴、講演会、パーティー等の低迷も収益の悪化要因になっています。今後はこれまで以上に富裕層を取り込むための差別化が求められます。

＜代表的な会社（または持株会社)＞

帝国ホテル、ホテルニューオータニ、ホテルオークラ、三井不動産ホテルマネジメント、ロイヤルパークホテルズ、プリンスホテル、東急ホテルズ、東横イン、スーパーホテル

(iii) 旅　行

旅行業界は大手五社で市場の四〇%を占めており、残りは一万社でシェアを競っていま

す。この業界は参入が比較的容易なため、多くの中小・零細旅行会社がひしめいています。そのため、競争が激化し、業界全体の利益率が低下する傾向にあります。ここ数年は価格競争力を有するネット系の旅行会社が店舗中心の大手旅行会社の収益を圧迫しています。こうした状況を改善するため、大手旅行会社はコスト負担の大きい店舗の統廃合や希望退職者の募集などのリストラを厳しく実施し、スリム化を進めています。今後、旅行業界の主戦場はネット販売になることが確実視されるため、大手旅行会社もネット客の取り込みに力を入れる必要があります。

＜代表的な会社（または持株会社）＞
ジェイティービー、近畿日本ツーリスト、阪急交通社、日本旅行、エイチ・アイ・エス、楽天トラベル

13 電機・精密関連——家電、重電、半導体、電子部品

(i) 家　電

エコポイント制度やデジタル放送への完全移行は家電業界にとって追い風になりました。しかし、これには国内の需要を先食いしたに過ぎないという側面があります。今後は国内の需要が減少していく中、白物（冷蔵庫、洗濯機等）、黒物（テレビ、オーディオ等）と

もに、アジアを中心とした新興国での積極的な展開が必要です。ただし、新興国の市場では低価格で機能を絞った製品の提供が求められ、こうした製品を得意とする韓国、台湾、中国のメーカーとの競争激化が懸念されます。目下、国内市場の需要の落ち込みを新興国の市場でできる限りカバーすることが家電メーカーの課題になっています。

〈代表的な会社（または持株会社）〉

シャープ、東芝、パナソニック、ソニー、日立製作所

(ii) 重電

重電業界は、発電設備、送変電設備、配電設備などといった電力に関する社会インフラにかかわる業界です。現在、この業界は新興国の社会インフラ整備を背景に業績が好調です。世界的な環境意識の高まりから、新興国でも環境負荷の少ない再生可能エネルギーやスマートグリッド（次世代送配電網）の活用が期待されています。とりわけスマートグリッドにかかわる技術は、送配電だけでなく、水インフラや交通インフラなど、都市インフラ全般における活用が見込まれ、スマートシティの構築に貢献することが期待されています。そうした中、電力インフラを扱ってきた重電企業がスマートグリッドにおいて中心的な役割を担うことが見込まれるため、重電業界の将来は明るいといえます。

＜代表的な会社（または持株会社）＞
日立製作所、東芝、三菱電機、富士電機、明電舎

(ⅲ) 半導体

半導体は、デジタル情報家電、医療機器、ＦＡ（Factory Automation）機器、カーエレクトロニクス機器などにかかわり、ハイテク分野のすべてにおいてその基盤となるものです。従来、半導体業界は設計から販売にいたるすべての機能を担う企業が多かったのですが、事業の選択と集中を進める最近の日本の半導体メーカーは、設計や販売の機能に専門化するファブレス（fabless）企業（工場を持たない企業）としての性格を強め、製造機能については台湾や中国などのファウンドリ（foundry）企業（受託生産企業）に委託して協業体制をとっています。

当面は新興国におけるスマートフォンをはじめとする携帯端末用の半導体の需要拡大が見込めますが、近年は、韓国のメーカーだけでなく、台湾や中国の新興企業も存在感を増しています。今後は半導体の量産競争の加速が予想され、日本の半導体メーカーを取り巻く環境はこれまで以上に厳しさを増すものと考えられます。

＜代表的な会社（または持株会社）＞
東芝、ルネサスエレクトロニクス、ローム

(ⅳ) 電子部品

電子部品とは電気を使用する製品に組み込まれる部品のことです。代表的な電子部品にはコンデンサー、モーター、スイッチ、コネクター等があります。現在は、携帯端末、パソコン、デジタルＡＶ機器の需要増加にともない、電子部品の需要も拡大しています。また、近年、家電や情報機器はますます高機能化しており、一つの製品に使用される部品の数が増加していることも、需要拡大の追い風になっています。

今後も、新興国を中心にデジタル家電の需要拡大が見込まれ、電子部品の需要は好調に推移するものと考えられます。ただし、中国や韓国のメーカーとの競争が激化しているため、国内の電子部品メーカーにとっては効率性と品質の向上が課題になっています。大手の電子部品メーカーを中心に、国の内外を問わず、Ｍ＆Ａや資本・業務提携を積極的に行ない、事業の拡大を進める動きもあります。

＜代表的な会社（または持株会社）＞

京セラ、ＴＤＫ、日東電工、村田製作所、オムロン、アルプス電気、ローム

14 IT・情報関連――通信、インターネットビジネス

(i) 通　信

国内の通信業界の主戦場は固定電話から移動体通信にシフトしています。移動体通信においては、二〇一一年のSIM（Subscriber Identity Module）ロック解除機能の導入により、これまで以上に競争が激しくなることが予想されます。今後はスマートフォンの普及によるデータ通信における収入の増加を目的とする各種サービスの充実が収益の鍵を握るものと考えられます。

また、国内の通信業界が将来的に縮小傾向にあることを見越しての海外展開も目立っています。ここ数年、通信業界では、海外の携帯電話会社、情報セキュリティ会社、SNSサイト運営会社、ネット接続事業会社等を対象とする出資や買収などを急速に進めようとする動きが見られます。

＜代表的な会社（または持株会社）＞

東日本電信電話（NTT東日本）、西日本電信電話（NTT西日本）、エヌ・ティ・ティ・ドコモ、KDDI、ソフトバンク

(ii) インターネットビジネス

ネットを通じて商品やサービスを販売するeコマースの業界規模は拡大しています。こ

の業界は新規参入が多いため、競争は激化傾向にありますが、業界を代表するヤフーと楽天の業績は好調です。近年、インターネットビジネスのトレンドはディー・エヌ・エー、グリー、ミクシィ等がリードするSNSに移行していますが、ヤフーは親会社のソフトバンクと連携しながら、海外のSNSとの事業拡大を進めています。他方、楽天はインターネットビジネス以外にも、金融業をはじめ、さまざまなビジネスを手掛けています。本業のインターネットビジネスでは、中国のインターネット企業と協力してインターネットショッピングモール事業を手掛けるなど、海外展開の動きを加速しています。

＜代表的な会社（または持株会社）＞

ヤフー、楽天、ディー・エヌ・エー、グリー、ミクシィ

15 人材・専門サービス関連――教育、人材派遣、介護

(i) 教　育

教育業界では、急速な少子化を受けて、大手によるM&Aや提携が活発化しており、地方の中小規模の学習塾を傘下に収めようとする動きがあります。ただし、一人の子供にかける教育費は増加傾向にあり、学習塾を中心に業界の縮小に歯止めがかかっている面もあります。また、「脱ゆとり教育」の新学習指導要領が実施されたのを受けて、幼児・低学

年向けの教育サービスが注目されています。他方、英会話や資格取得等の生涯学習への関心の高まりやeラーニング等の新しい学習スタイルの増加により、社会人向けのビジネスも成長しています。大手には、シニア層向けのカルチャー教室事業を強化しようとする動きもあります。

しかし、長期的な観点では、依然として国内の少子化傾向は変わらないため、どの企業も、海外展開を積極的に進めるなど、将来における収益の柱への投資を急いでいます。

＜代表的な会社（または持株会社）・学校法人＞

ナガセ、駿河台学園（駿台予備学校）、河合塾、高宮学園（代々木ゼミナール）、ワオ・コーポレーション、ベネッセホールディングス、ユーキャン、ECC、イーオン

(ii) 人材派遣

これまで企業は、人材の柔軟な活用とコストの削減を目的として、人材のアウトソーシング化を進めてきました。人材派遣業界は、そうした企業側のニーズに対応することによって成長してきました。しかし、ここ数年は、リーマンショック後の厳しい経営環境において企業の派遣切りなどが社会問題化したことを受け、人材派遣会社は逆風下での経営を余儀なくされています。業界全体としても、派遣制度に関する規制が強化の方向に動いていることから、人材派遣事業の将来的な成長シナリオを描きにくい状況にあります。そ

のため、どの会社も人材派遣事業に代わる新たな収益源を模索しており、この業界の縮小傾向にますます拍車がかかることが予想されます。

＜代表的な会社（または持株会社）＞

テンプホールディングス、パソナグループ、スタッフサービス・ホールディングス、インテリジェンス、フルキャストホールディングス、日研総業

(iii) 介　護

二〇〇〇年四月に介護保険制度が始まって以来、介護関連ビジネスは大きな市場として成長してきています。一時は介護報酬の不正請求問題などによるイメージダウンがあったものの、高齢化のピークとされる二〇四二年に向け、介護業界の成長は確実と見られています。これまではヘルパーの待遇問題（低賃金問題）が介護業界における人材不足の主な要因でしたが、最近は政府の政策的対応もあり、改善の方向に向かっています。介護業界は数少ない将来有望な業界の一つであるため、近年は異業種からの参入も見られます。介護業界におけるサービスの多くは介護保険によって提供されますが、そのサービスの価格は三年ごとに改定される介護報酬に規定されるため、改定の内容によっては、企業収益が大きく変動するリスクもあります。

＜代表的な会社（または持株会社）＞
ニチイ学館、ベネッセホールディングス、ツクイ、セコム医療システム、ヤマシタコーポレーション、ジャパンケアサービスグループ、ユニマットそよ風

第４節　業界研究に役立つ分析フレームワーク

この節では、業界研究を進める上で役に立つ分析フレームワークについて概説します。「3C分析」と「SWOT分析」は、企業とその環境（業界）の関係をとらえる上でとても有用なものです。第1節に示したように、ステップ1～3を踏んで志望企業を選んだら、これらの分析フレームワークを活用して業界研究に取り組みましょう。

1　3C分析――ケース：任天堂と家庭用ゲーム業界

3C分析は、市場環境や顧客（Customer）の状況、自社（Company）の状況、競争相手（Competitor）の状況という三つの視点をもとに、実態を総合的に分析し、業界内における企業の状況を客観的に評価するものです。業界におけるさまざまな情報を収集し、その情報を三つの視点にもとづいて整理します。ここで重要なのは、この整理によって現

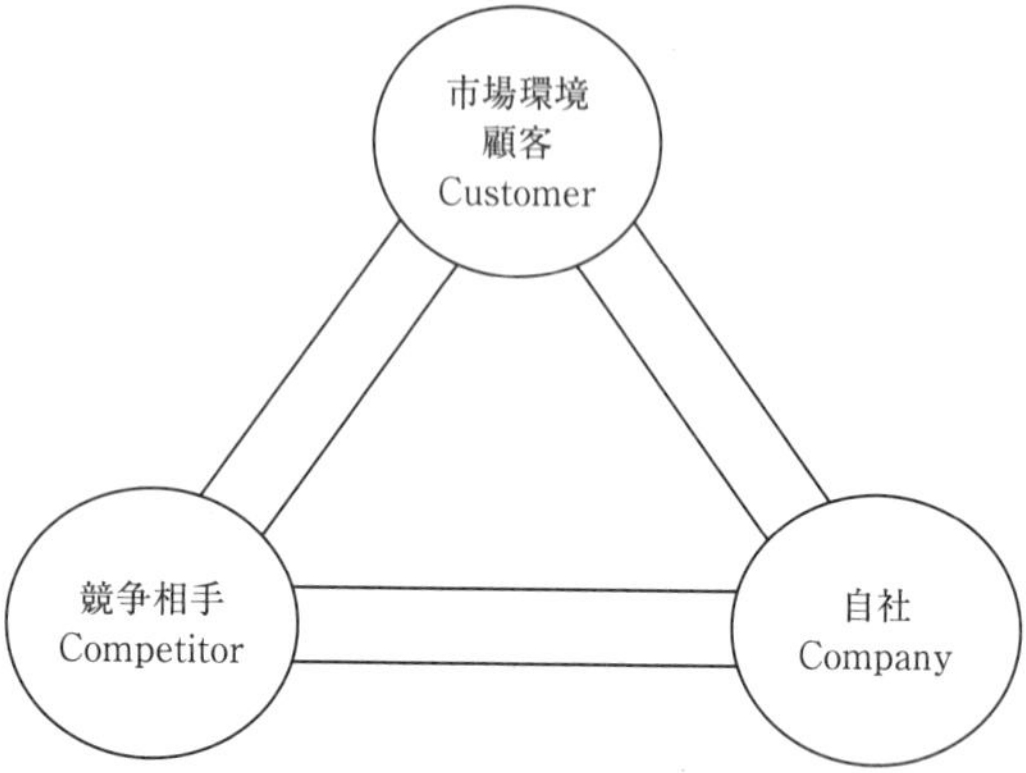

図表Ⅱ－1　3C 分析

状の問題点や課題を見つけ出すとともに、課題解決の方法を自分なりに考えてみることです。

＜ケース＞

激変する家庭用ゲーム業界で今後の動向が注目される任天堂のケースを考えてみましょう。

一八八九年に創業の花札製造業に由来する任天堂は、日本初のトランプ製造に着手したのち、一九四七年に株式会社形態を採用、社名は「丸福」から「任天堂骨牌」を経て一九六三年に「任天堂」となり、今日にいたっています。この間、任天堂は、花札やトランプだけではなく、家庭用据置型ゲーム機「ファミリーコンピュータ」（一九八三年）や携帯型ゲーム機「ゲームボーイ」（一九八九年）などによってゲーム業界を牽引してきており、また、岩田聡氏が社長に就任した二〇〇二年以降は「ゲーム人口の拡大」という基本路線を掲げ、携帯型ゲーム機「ニンテンドーＤＳ」（二〇〇四年）や据置型ゲーム機「Ｗｉｉ」（二〇〇六年）といった大ヒットを生み出し、今のところ、国内の家庭用ゲーム市場において五〇％近いシェアを誇っています。

さて、こうした任天堂についてその課題を考察してみることにします。まず、市場環境や顧客の状況（Customer）はどうでしょうか。ここ数年、国内の家庭用ゲーム市場は少子高齢化の影響から頭打ち傾向が続いています。また、近年のスマートフォンと交流サイト向けゲーム（ソーシャルゲーム）の台頭は、これまでの据置型ゲーム機中心のゲーム業界のあり方を大きく変えるものであり、今後は無料ゲームやスマートフォン向けゲームの存在感がますます高まることが予測されます。そうした中、ゲーム機メーカーは三次元ゲーム（３Ｄゲーム）や体感型ゲームなどといった新機軸を打ち出すことにより、ライバルとの差別化を図ろうとしています。一方、海外に目を転じれば、減少傾向にある国内のゲーム人口とは対照的に、成長著しい主にアジアの新興国におけるゲーム人口の増加が期待されています。

次に自社（Company）の状況を見てみましょう。任天堂の強みはゲーム機の開発力にあります。もちろん、任天堂はハードの開発力だけではなく、マリオ等の人気キャラクターを活用したソフトの開発力にも定評があります。任天堂はこうした強みを活かして多くのヒットを生み出し、大きな利益を上げ、資金を蓄えてきました。ただし、主として子供やファミリー層、あるいは従来はゲームとは無縁だった層をターゲットにしたゲームで成功してきた任天堂には、そのためにヘビーユーザー向けの高機能な製品の開発が遅れてしまったという面があります。また、近年は、自前主義にこだわるあまり、多様な顧客ニーズを満たすソフトの開発ができていないという問題点もあり、このことがスリープユーザー（所有しているのに使用していない人）の増加に拍車をかけています。この点はしばしば指摘されるところですが、外部のソフトメーカーとの連携の弱さが原因になっているようです。

最後に競争相手（Competitor）の状況を見てみると、国内のゲーム業界ではＳＣＥ（ソニー・コンピュータエンタテインメント）とマイクロソフトが任天堂の直接的な競争相手になっており、昨今、この二社との機能面や価格面における競争が激化しています。また、スマートフォンや交流サイトを活用したゲームの存在を考慮すれば、アップルやグリーやディー・エヌ・エーなども有力な競争相手といえますが、特にこれまで業界三位に甘んじてきたマイクロソフトはファミリー層やビギナー層の獲得を目的とした製品に力を入れ、家庭用ゲーム市場におけるシェアを高めようと躍起になっています。ファミリー層やビギナー層は任天堂の主要な顧客層とも重なることから、マイクロソフトの動きは任天堂にとって大きな脅威になっています。

以上、任天堂の市場環境や顧客の状況、自社の状況、競争相手の状況、つまり3Cについて見てきました。長い間、家庭用ゲーム業界を牽引してきた任天堂ですが、多くの課題を抱えていることが分かります。ゲーム業界が激変する中、任天堂が抱える課題にはどのような解決策があるのでしょうか。以下、この点について考えてみましょう。

任天堂が直面している課題の解決については、ヘビーユーザー向けの高機能製品の開発による新たな顧客層の開拓が一つの策として考えられるかもしれません。しかし、少なくとも現段階においては、高機能製品の開発はソニーやマイクロソフトに優位性があり、より複雑な操作を要する高機能製品に注力することは、ゲームを気軽に楽しもうとする任天堂の主要な顧客層を失うことにつながりかねません。したがって、この解決策は任天堂にとって現実的な策とはいえません。では、ほかにどのような策が考えられるのでしょうか。

既存のゲーム事業の強化という観点からは、考えられる策は二つあります。一つは、潤沢な資金によって、誰でも気軽に遊べるようなゲームの開発やオンラインゲーム等にこれまで以上に力を入れることです。もう一つは、国内同様、新興市場をはじめとする海外市場においても、子供やファミリー層、あるいは従来はゲームとは無縁だった層をターゲットにしたゲーム機を提供し、ライバルが取り込めていない顧客層を取り込むことです。ただし、これらを実現するためには、その基本となるゲームソフトの充実が欠かせません。これまでの任天堂は外部のソフトメーカーとの連携がうまくいっていなかったこともあり、多様な顧客ニーズに対応可能なソフトを提供することができませんでした。もちろん、任天堂の強みがハードとソフトを一体的に開発できる点にあることは否定の余地がありません。しかしながら、今後は、任天堂自身がソフトを開発するだけでなく、国内外を問わず、外部のソフトメーカーとの協調路線を強化し、顧客に対して絶え間なくソフトを提供することができる状態を作り出すことが重要です。任天堂のゲーム機でしか遊べない魅力的なソフトをどれだけ開発できるか。これが任天堂の今後を占う試金石になりそうです。

他方、上述のような既存のゲーム事業の強化だけでなく、医療、介護、教育、家電、通信などといった異業種との連携を活用した事業展開、次代の新機軸となるような新たな事業展開の模索も必要でしょう。さらには、従来のゲーム機の枠を超越し、ビギナーからヘビーユーザーまでを取り込み、人々の生活や社会そのものまでをも革新するようなライフスタイルの提案などといった大局的な見地によるアプローチの検討も必要かもしれません。こうしたことの実現は容易なことではありませんが、新たな顧客層を開拓するためには不可欠なことといえます。外部のソフトメーカーとの連携だけでなく、さまざまな異業種との連携が実現すれば、任天堂の新たな可能性が見えてくるでしょう。

2 SWOT分析――ケース：カルビーとスナック菓子業界

SWOT分析は「内部環境分析」と「外部環境分析」に分けられます。内部環境分析によって企業内部の強み（Strength）と弱み（Weakness）を明らかにし、外部環境分析によって外部環境における機会（Opportunity）と脅威（Threat）を浮き彫りにします。SWOT分析では、これらの要因の把握とともに、この四つの要因を掛け合わせたクロス分析を行なうことが重要です。この分析をもとに、企業の課題をしっかり特定し、具体的な解決方法を提示することがSWOT分析の最終的な目的です。

＜ケース＞

国内のスナック菓子市場で四〇％のシェアを誇るカルビーのケースを考えてみましょう。

一九四九年に広島県で「松尾糧食工業」の名をもって株式会社形態を採用し、名称は「カルビー製菓」を経て一九七三年に「カルビー」となったこの会社は、創業以来、「自然の恵みを大切に活かし、おいしさと楽しさを創造して、人々の健やかな暮らしに貢献します」という企業理念の下、素材をうまく活用することによって「かっぱえびせん」や「ポテトチップス」といったロングセラー商品を生み出してきました。このことからも、カルビーの強みが従来から商品開発力（S）にあることが窺えます。また、カルビーのポテト

		内部環境分析	
		強み ・堅実な企業イメージ ・優秀な技術者 ……	**弱み** ・国内市場への依存度が高い ・主力事業の成熟化 ……
外部環境分析	**機会** ・新興国における需要拡大 ・ライバル企業が少ない ……	①	②
	脅威 ・国内市場が飽和状態 ・原材料価格の高騰 ……	③	④

①強み（S）×機会（O）→強みを活かし、機会を取り込む方法は何か
②弱み（W）×機会（O）→弱みを克服し、機会を取り込む方法は何か
③強み（S）×脅威（T）→強みを活かし、脅威を回避する方法は何か
④弱み（W）×脅威（T）→弱みを克服し、脅威を回避する方法は何か

図表Ⅱ-2　SWOT分析

チップスのパッケージには賞味期限と製造年月日の二つの年月日が表示されていることからも分かるように、カルビーは鮮度管理（S）に力を入れています。

さらに、「じゃがいも丸ごと！ プロフィール」といった取り組みや原料（馬鈴薯）の栽培から店頭まで一貫した品質管理システムにより、安全性の高い商品提供（S）ができるといった強みもあります。以上の結果、カルビーはスナック菓子業界で抜群のブランド力と知名度（S）を手に入れることができました。

しかしながら、ときに強みは弱みにもなります。あまりにもスナックのイメージが強い（W）ことから、他の製品カテゴリーへの拡張が難しくなっています。ま

た、ポテト事業への依存度の高さ（W）、海外での事業展開の遅れ（W）、業界リーダーとしての驕り（W）なども大きな課題となっています。

さて、外部環境はどうでしょうか。たとえば昨今の原材料価格の高騰（T）やライバルメーカーおよびＰＢ商品との競争の激化（T）はカルビーの収益性に影響を及ぼす外部環境要因です。特に価格等におけるライバルメーカーとの競争やコンビニをはじめとする小売り業のＰＢ商品との競争は年々激しさを増しています。また、少子高齢化による国内市場の縮小（T）や健康志向からスナック菓子を敬遠する風潮（T）もカルビーにとって脅威となるものです。他方、独身世帯の増加を反映した個食化（O）や景気低迷による内食化の強まり（O）、中国をはじめとする新興国の市場の成長（O）、海外における日本のスナック菓子の人気の高まり（O）など、今後のカルビーに大きな成長をもたらしうる要因もあります。

以上、カルビーの内部環境における強み（S）と弱み（W）、外部環境における機会（O）と脅威（T）を挙げてみました。ただし、強みと弱み、機会と脅威の把握がＳＷＯT分析の目的ではありません。ＳＷＯT分析において重要なことは、強みと弱み、機会と脅威をもとに、企業の課題とその解決策を考えることです。

強み（S）×機会（O）のセル①については、商品開発力の強さを活かして海外市場のニーズに合った商品の開発を進めること、そして安全管理や鮮度管理における強みをこれまで以上に消費者にアピールすることが有効な策になるでしょう。弱み（W）×機会（O）のセル②については、今後、国内市場の縮小が予想されるため、提携やM&Aにより、成長が期待される新興国市場における事業を拡大することが基本的な対応になります。強み（S）×脅威（T）のセル③については、食の安全や健康に配慮した商品を開発することにより、これまでスナック菓子を敬遠してきた層に積極的にアピールするなど、新たな顧客層の開拓に力を入れることが重要です。また、国内における少子高齢化の進行を前提とすれば、高齢者をターゲットとした商品の開発も早急に進めなければならないでしょう。弱み（W）×脅威（T）のセル④については、既存のスナック菓子事業やシリアル事業以外の新事業を育成することにより、将来的な収益基盤を強化することが必要でしょう。ただし、そのためには、社内において危機感の共有を進めるとともに、イノベーションを継続的に生み出す企業文化を醸成することが重要といえます。

また、現在のカルビーの最大の弱点とされるのが海外での事業展開の遅れです。この点の対策としては、二〇〇九年に提携したペプシコ（世界第二の食品会社）の流通網を活用することにより、迅速かつ効率的な海外市場への参入を試みることが考えられます。これにより、「日本のカルビー」から「世界のカルビー」への脱皮が果たされることが期待されます。なお、カルビーは、このペプシコとの提携により、ペプシコの子会社だったジャパンフリトレーをその傘下に収めることができました。このジャパンフリトレーはドリトスやチートスなどといったトウモロコシを原材料とするスナック菓子に強く、これを傘下に収めたことにより、カルビーはポテト以外のものを原材料とするスナック菓子事業を手に入れ、新たな成長を目指すことができるようになりました。今後のカルビーの成長が期待されます。

第5節　業界研究において注意すべきこと

1 情報収集と「分析」は違う

情報収集は分析を進める上で必要な作業ですが、情報を収集しただけで安心してはいけません。当然のことですが、情報収集と分析は違います。では、情報収集から分析へと進むにはどうしたらよいのでしょうか？

まず、情報収集によってさまざまな事実が出てきますが、それを整理するプロセスにおいて、**つねに「なぜ？」という問いを積み重ねていく姿勢が大切です**。「なぜ○○はヒットしなかったのだろうか？」とか、「○○の売れ行きが良くなってきているのはなぜだろうか？」とか。ここで重要なことは、**「なぜ？」という問いを繰り返すことにより、業界の本質的な課題をあぶり出す**ことです。その際、因果関係を意識しながら掘り下げることにより、深く豊かな分析ができるようになります。

以上のことを続けることにより、業界の現状や将来について、表面的な見方や先入観にとらわれることのない持論を持つことができるはずです。原因を探ろうとする「なぜ？」という問いそれ自体が考えることを誘発し、その積み重ねは考えを深め、問題を多面的にとらえることにつながります。

② 志望業界だけにとらわれない

あなたは自動車メーカーに興味を持っており、自動車業界について調べているとします。その際、並行して関連業界のことも調べると、業界についての理解はもっと進むことでしょう。たとえばトヨタ自動車に対してはデンソーやアイシン精機、日産自動車に対してはカルソニックカンセイや日産車体、本田技研工業に対してはショーワやケーヒンといった自動車部品メーカーが自動車の重要な部品を供給しています。また、最近はエコカーも注目されていますが、エコカーには自動車搭載用の燃料電池が必要不可欠です。燃料電池を巡っては日本電気、ジーエス・ユアサ コーポレーション、パナソニック、東芝が重要な役割を果たしています。

このように志望業界の分析と並行して関連業界のことを調べることにより、それまでは注目することのなかった業界や企業と出会うことができ、また、その魅力を発見できる場合もあります。さらに、関連業界を調べることによって、**優れたBtoB企業を見つけることができるかもしれません**。学生の多くが志望業界や志望企業の選定に際してBtoCの業界や企業に注目しがちであることを考えると、BtoBの業界や企業を狙うのも一つの手といえるでしょう。

第Ⅲ章　企業を知る

第1節　企業研究の重要性

1　就活と婚活

就活を婚活にたとえることがあります。お互いの個性や諸条件がマッチする結婚相手を探すことと、企業と就職希望者がお互いの希望がマッチする相手を探すことが似ているというのです。すべての結婚や就職が相思相愛によって成立するとは限りませんが、確かにそういう考え方もありうるでしょう。結婚であれ、就職であれ、相手を事前によく知る必要があります。あとで、こんなはずじゃなかった、と後悔しても手遅れです。むろん、離婚（辞職）することもできますが、相応のコストがともないます。

就活では履歴書の提出が必須です。履歴書によってフォーマットの違いはありますが、氏名、住所、学歴、職歴、賞罰等を記載します。また、履歴書とは別に志望動機書（志望理由書）が要求される場合もありますが、近頃は企業が独自のエントリーシートで志望動機等を聞くのが一般的です。さらに、筆記試験や面接によって、一般教養、学力、文章能力、性格等も試されます。企業は相当な時間と労力を割いてパートナー、つまり新入社員を探しているのです。それに対してあなたは志望企業のことをどの程度まで調べますか。

2 **企業研究の意義**

志望企業について調べることには少なくとも二つの意義があります。

一つは、入ったあとで後悔しないように、実情をよく理解しておくということです。苦労をして内定を獲得したにもかかわらず、あとになって希望と相違することが判明したために、内定辞退や就職してすぐに退職、ということでは苦労が報われず、時間の浪費というしかありません。

もう一つは志望動機の発見です。見ず知らずの相手を好きになることはできないのと同様、知りもしない企業を熱意をもって志望することはできないでしょう。たとえ中途半端な知識をもって就職試験に挑んでも、見る人が見れば、本気ではないことは分かります。志望企業の情報を集め、ほかの企業と比較分析し、その上で、**しっかりした志望動機**を見つけなければなりません。そこに企業研究の意義があります。

3 そもそも企業とは

企業には国や地方自治体等が関与する公企業とそうではない私企業があります。普通、企業という場合には私企業を意味します。端的にいえば、企業は営利組織（利益の獲得を目的とする組織）です。したがって、近所のパン屋さんも企業なら、テレビＣＭで頻繁に目にする自動車メーカーや外食チェーンも企業です。たった一人で切り盛りしている企業もあれば、何万人という従業員を擁する企業もあります。

企業は、中小企業基本法により、従業員数や資本金額を数値基準として中小企業と大企業に分類されます。数値基準は業種によって異なります。たとえば製造業の場合には、常用従業員数が三〇〇名以下で資本金額ないし出資総額が三億円以下なら中小企業、それ以外は大企業とされています。

図表Ⅲ－1　企業規模の分類

業種	中小企業	大企業
製造業その他の業種	資本金等が３億円以下または常時使用従業員300人以下	資本金等が３億円超かつ常時使用従業員300人超
卸売り業	資本金等が１億円以下または常時使用従業員100人以下	資本金等が１億円超かつ常時使用従業員100人超
サービス業	資本金等が5000万円以下または常時使用従業員100人以下	資本金等が5000万円超かつ常時使用従業員100人超
小売り業	資本金等が5000万円以下または常時使用従業員50人以下	資本金等が5000万円超かつ常時使用従業員50人超

中小企業庁による『中小企業白書』の二〇一一年度版によれば、二〇〇九年現在、約四二〇万の企業が活動しており、そのうち、中小企業は約四一九万（九九・三％）、大企業は約一万二〇〇〇（〇・七％）、また、常用雇用者の六〇％以上が中小企業で働いています。

4　会社の種類

「企業」と「会社」は区別されずに用いられることが多いようですが、同義ではありません。

会社は企業ですが、企業は会社とは限りません。会社はそれ自体が権利や義務を持つことができる資格、すなわち法人格を有しますが、企業は必ずしも法人格を有しません。大まかにいえば、企業の中で法人格を有することを認められたものが会社です。主な会社の種類には株式会社、合名会社、合資会社、合同会社があります。会社は会社法にしたがって設立されます。図表Ⅲ-2には種類と資金規模（資本金額）による会社の内訳が示されています。

種類としては株式会社が約二五〇万社と圧倒的に多く、全体の九六・四％を占めています。また、資本金が一〇億円以上の株式会社は六三三二社です。株式会社における資本金は事業活動のために株主から提供された資金を意味し、その額が大きければ大きいほど、

図表Ⅲ−2　組織別・資本金階級別法人数

区分	1000万円未満	1000万円以上 1億円以下	1億円超 10億円未満	10億円以上	合計	構成比
株式会社（社）	1,405,656	1,046,461	20,475	6,212	2,478,804	95.8
合名会社（社）	4,981	402	16	—	5,399	0.2
合資会社（社）	24,564	1,794	4	3	26,365	1.0
合同会社（社）	13,999	305	24	10	14,338	0.6
その他（社）	28,418	31,911	1,000	647	61,976	2.4
合計	1,477,618	1,080,873	21,519	6,872	2,586,882	100.0
構成比（%）	57.1	41.8	0.8	0.3	100.0	

出所：国税庁長官官房企画課『会社標本調査—調査結果報告—（平成22年度分）』2012年3月。

事業資金を多く有することになります。資本金が多い会社が優良な会社であるとは限りませんが、提供された資金が多いということは、事業規模が大きい会社であるといえ、また、それだけ株主にとって魅力的な会社であるともいえます。このような株式会社について会社法は「第二編　株式会社」の「第五章　計算等」において計算書類（財務諸表）の作成と株主総会への提出等を義務づけています。

株式会社の発行株式が証券取引所に登録され、取引所で売買可能となることを「上場」といい、そうなった会社を「上場会社」といいます。他方、証券取引所に上場していない会社を「非上場会社」といいます。日本最大の証券取引所は東京証券取引所（東証）で、そのほかにも、大阪証券取引所、名古屋証券取引所、ジャスダック、マザーズなどがあります。

証券取引所に上場するためには、従業員数、事業継続年数、利益額等に関する上場基準を満たす必要があります。東証には一部と二部があり、二部よりも一部のほうが上場基準が高く設定されています。東証一部上場を目標とする起業家もいることから、一部上場は大企業の証としてステータスシンボルの意味を持つともいえます。ただし、誰もが知っている大企業の中にも非上場会社があります。たとえばサントリー、リクルート、ヤンマーなどがそうです。

二〇一二年三月末現在、東証一部上場会社は一六八二社、二部上場会社は四二七社です。株式会社の総数が約二五〇万社ですから、株式会社の〇・一%未満です。上場会社には、会社法による計算書類の作成に加え、金融商品取引法による有価証券報告書の作成が義務づけられています。この有価証券報告書には経営にかかわる情報が詳細に記載されています。

5 有価証券報告書

金融商品取引法は、有価証券（株式や債券）を発行する上場会社等に、有価証券報告書の作成と提出を義務づけています。有価証券報告書は金融庁が管理するＥＤＩＮＥＴ（Electronic Disclosure for Investors' NETwork）を通じて閲覧することができ、また、多くの場合、その会社のウェブサイトで公開されています。

図表Ⅲ-3に示される通り、有価証券報告書には重要な企業情報が記載されています。「第一部　企業情報」の「第1　企業の概況」から「第5　経理の状況」までが特に有用な箇所です。

「第1　企業の概況」には、売上高や当期純利益等の主要な経営指標等の推移、沿革、事業内容、グループ構成、従業員数、平均勤続年数、平均年間給与などの情報が記載され

図表Ⅲ-3　三菱東京 UFJ 銀行の有価証券報告書の目次

第一部　企業情報
　第１　企業の概況
　　１　主要な経営指標等の推移
　　２　沿革
　　３　事業の内容
　　４　関係会社の状況
　　５　従業員の状況
　第２　事業の状況
　　１　業績等の概要
　　２　生産、受注及び販売の状況
　　３　対処すべき課題
　　４　事業等のリスク
　　５　経営上の重要な契約等
　　６　研究開発活動
　　７　財政状況、経営成績及びキャッシュ・フローの状況の分析
　第３　設備の状況
　　１　設備投資等の概要
　　２　主要な設備の状況
　　３　設備の新設、除却等の計画
　第４　提出会社の状況
　　１　株式等の状況
　　２　自己株式の取得等の状況
　　３　配当政策
　　４　株価の推移
　　５　役員の状況
　　６　コーポレート・ガバナンスの状況等
　第５　経理の状況
　　１　連結財務諸表等
　　２　財務諸表等
　第６　提出会社の株式事務の概要
　第７　提出会社の参考情報
　　１　提出会社の親会社等の情報
　　２　その他の参考資料
第二部　提出会社の保証会社等の情報

ています。ここを読めば、その企業の基本的なことが分かります。「第2　事業の状況」では、当該年度の業績の概要が事業カテゴリーごとに説明されています。また、ここには、事業活動とその結果、今後の課題、事業上のリスク、研究開発活動、財政状態、経営成績、キャッシュ・フローの状況などの情報も記載されています。こうした詳細な情報を、最新のものだけでなく、過年度のものも入手し、時系列で比較するとより深い分析ができるでしょう。「第3　設備の状況」では設備投資の状況が説明されています。設備の新設に関する記述もあるので、どの事業や地域に注力するかが分かります。「第4　提出会社の状況」には、大株主の状況、株価の推移、役員の氏名等が記載されています。大株主や役員のことを調べると、その企業の所有構造が分かります。筆頭株主に経営者自身やその家族が名を連ねている場合は、同族経営の色合いが濃い企業であるといえます。「第5　経理の状況」には財務情報が記載されています。この情報を用いて、財政状態、経営成績、キャッシュ・フローの状況等を分析することにより、その企業の儲け方の巧拙や倒産の危険の有無等について判断することができます。

　有価証券報告書は年次に作成されますが、四半期ごとに作成される四半期報告書もあります。この報告書は、年次の有価証券報告書と比べると簡略化されていますが、有価証券報告書よりもタイムリーな情報を提供しています。

第2節　志望企業の選び方

1　選択の範囲は広く

これから就活を始めるあなたは「安定している」、「規模が大きい」、「働き甲斐がある」、「待遇が良い」、「イメージが良い」などといった条件を満たす有名企業をまずは目標としているのではないでしょうか。

学生による就職希望先ランキングに登場する企業は東証一部上場会社やその関係会社がほとんどで、一部の有名大企業に多くの就職希望者が殺到するという状況にあります。最近は大企業志向も少し変わりつつあるようですが、第1節に示された中小企業数（約四一九万）と大企業数（約一万二〇〇〇）からすれば、希望と現実のミスマッチがあることは確かでしょう。

就職希望先ランキングを見ると、誰でも知っているようなBtoC企業がほとんどです。BtoC企業とは、第Ⅰ章に説明されたように、一般の消費者を相手にビジネスをしている企業のことですから、つまりは、就職先の選択を消費者目線で行なう傾向があるということです。しかし、**日本には優れたBtoB企業がたくさんあります**。BtoB企業とは、これも第Ⅰ章に説明されたように、企業を相手にビジネスをしている企業のことです。理系の学生の場合は、専門分野の性格から、そうしたBtoB企業を知る機会も少なくありませんが、文系の学生の場合、その機会は限られています。しかし、**そうした企業を最初から選択対象から除いてしまうことは実にもったいないことです**。たとえば自動車業界に興味があるなら、トヨタ自動車やホンダだけでなく、デンソー、曙ブレーキ、スタンレー電気などといった部品メーカーにも注目してみましょう。

また、多くの企業が企業グループを形成しています。たとえばソニーグループの場合、まずグループのトップ（親会社）としてのソニーがあり、そのソニー（親会社）の支配力が及ぶ企業（子会社）がソニー・コンピュータエンタテインメント、ソニー損害保険、ソニーマーケティングなど、一三〇九社もあり、さらに、ソニー（親会社）が経営に影響力を持つ企業（関連会社）が九〇社あり、グループ全体で約一七万人の従業員が雇用されています（二〇一一年三月末現在）。ソニーの事業はこのようなグループの構成企業が協同して行なっています。すなわち、「ソニーで働きたい」と思っている場合、親会社のソニーだけでなく、子会社や関連会社（この二つを併せて「関係会社」と呼びます）も視野に入れ、ソニーグループの一員として働くという選択肢もあるということです。こうしたことはパナソニックや資生堂などにおいても同様です。

有名企業や大企業だけが良い就職先とは限りません。聞いたことがなくても、規模は大きくなくても、その世界では高いシェアを誇る優良企業ということもあります。他方、有名な大企業でも、就職を勧められないダメな企業もあるでしょう。また、腐っても鯛、つまり、問題はあっても大企業ならではの良さもあるでしょう。就活においては、玉石混交の中から、良いものと良くないものを選び出す眼力が必要です。

2 分析に必要な企業情報とその入手方法

企業の長所・短所を知るためには多様な情報が必要です。そうした情報の入手先としては、大学の就職部やキャリアセンター、企業のウェブサイト、リクナビ等の就職情報サイト、新聞・雑誌等が挙げられるでしょう。しかし、すべての企業について調べることは不可能です。まずは業種や活動地域などによる絞り込みが必要です。絞り込んだ上で、候補に残った企業を比較検討しましょう。希望業種がはっきりしている場合はこの方法がよいでしょう。他方、業種にはこだわらずに、いくつかの候補をピックアップし、分析するという方法もあります。なお、Uターン就職を希望している場合には、地方新聞や全国紙の地方版を利用して、地元で活躍している企業を調査するとよいでしょう。

分析する企業を絞ったら、次はその企業に関する情報収集、そして分析です。

企業の根本的要素はヒト、モノ、カネです。最近はこれに情報を加えることもあるようですが、いずれにしても、企業にはヒト、モノ、カネが必要です。ヒトとは経営陣と従業員のことです。経営の意思決定も、実際の営業活動もすべてヒトによって行なわれます。また、いくらヒト（人材）がそろっていても、売るモノがなければ、商売になりません。それに、製造や販売や経営管理にも色々なモノが必要です。さらにまた、カネがなければ、ヒトを雇うことも、モノを購入することもできません。生物が栄養を摂らなければ生きていけないように、カネがなくなった企業は活動を続けることができません。こうした根本的要素を中心に、経営理念、プロフィール、待遇、財務データから読み取れる特性などを分析していくとよいでしょう。

待遇や人事などの個人情報、あるいはライバル企業との競争にかかわる新製品開発や新規事業進出などの情報は企業の中でも厳重に管理されています。したがって、部外者である就活生がそうした情報を完全に入手することは不可能に近いでしょう。とはいえ、メディア（情報媒体）の発達した今日、内部者しかアクセスしえない重要情報の入手は無理にしても、企業のウェブサイトをはじめ、色々なメディアを通じてかなりの情報が入手可能です。

公にされている情報は、むろん、誰もがアクセス可能であり、すべての就活生に平等に提供されています。しかし、重要なのは、情報を取捨選択し、選択した情報を用いて分析を行ない、就活に活かすことです。

では、どのような情報が入手可能なのでしょうか。入手可能な情報からどのようなことが分かるのでしょうか。以下では、プロフィール、待遇、財務データから読み取れる特性の分析について概説します。

第3節　企業プロフィールの分析

企業プロフィールの主な項目には、沿革、事業内容、地域性、人的構成、企業理念などが考えられます。ここでは、サンプル業種として、銀行業、製造業、小売り業の三業種を取り上げ、同業他社同士を比較しながら、企業プロフィールを調べます。銀行業は、都市銀行である三菱東京ＵＦＪ銀行と地方銀行である静岡銀行を取り上げます。製造業には、食品、化学、鉄鋼、機械、電気機器など、色々な分野がありますが、ここでは、上場・非上場という視点から、農業機械で有名なクボタ（上場会社）とヤンマー（非上場会社）を取り上げます。小売り業については、比較的身近な外食産業の中から、ライバル関係にある吉野家とゼンショー（牛丼チェーンのすき家の経営母体）を取り上げます。なお、各企業のプロフィールは主として当該企業のウェブサイトで調べられるものとしています。

1 When(いつ)――歴史・沿革

企業の存続期間に注目してみましょう。設立から五〇年以上という老舗企業の場合、経営姿勢は保守的で堅実であることが多いようです。他方、設立から一〇年程度の新興企業の場合、マーケットシェア拡大のために革新的で積極的な経営スタイルをとる傾向にあります。とはいえ、経済情勢の変化や科学技術の発達が短期間に生じる現代では、あらゆる企業に迅速で柔軟な経営姿勢が求められ、旧態依然とした姿勢では置き去りにされてしまいます。

〈サンプルリサーチ〉

吉野家は一〇〇年以上前の一八九九年の創業です。一九五八年に株式会社化したものの、一九八〇年に経営破綻し、一九八三年に再始動しています。以来、順調に店舗数を増やし、海外進出を果たし、二〇〇〇年に東証一部に上場、現在にいたっています。超老舗ながら、経営破綻という辛酸をなめた苦労人の会社です。他方、ゼンショーは一九八二年設立、二〇〇一年に東証一部に上場、現在にいたっています。その間、事業拡大や企業買収を積極的に行ない、また、低価格競争も展開しており、積極的な経営を行なってきています。

クボタは一八九〇年の創業、ヤンマーは一九一二年の創業です。企業の平均寿命は四〇年程度とされる中、どちらも長寿企業です。しかも、ともに日本有数の機械メーカーであり、業績は悪くありません。長年、国内外での企業間競争を生き抜いてきているのですから、経営能力や企業体質は高く評価されるべきです。しかし、就職希望先ランキングには出てきません。

2 Where（どこで）――地域性、国際性

勤務地は企業の営業地域がどこかで決まります。営業地域が国内だけなら、語学力や国際感覚はあまり必要とされないでしょう。出身地など、慣れ親しんだ地域の場合には、交友関係を仕事に活かすこともできます。一方、海外に多くの拠点を持つなど、海外展開に力を入れている場合には、語学力や国際感覚が必要とされるでしょう。

多くの日本企業が海外に活動の場を広げており、語学に堪能な国際感覚の優れた人材を求めています。事実、外国人の採用を増やす企業も少なくありません。これは日本人の就活生にとっては由々しき問題でしょう。多くの日本人学生が外国語を苦手としていますが、こうした企業の要求をよく考える必要があります。一方、マイクロソフト、フォルクスワーゲン、ネスレなど、多数の外資系企業が日本に進出しています。外資系企業も日本人

スタッフを必要とするはずですから、外資系企業を狙うのも一つの手といえるでしょう。ただし、その場合、本国との関係で語学力が要求される可能性があります。また、日本企業とは企業文化が異なる場合が多いことにも注意が必要です。

＜サンプルリサーチ＞

三菱東京ＵＦＪ銀行は二〇一一年三月現在、国内に七七三、海外に七三の店舗を構えています。通常の総合職の場合、国内各地の支店に配属されることを覚悟しておく必要があります。また、海外にも支店や出張所を設けているため、海外勤務の可能性もあります。

一方、静岡銀行は二〇一一年七月現在、静岡県内に本店を含めて一四九、県外には一九の店舗があります。したがって、多くの行員の勤務地は静岡県内であるため、Ｕターン就職の希望者には最適です。ただし、海外にも五箇所の拠点があり、海外勤務の可能性もゼロではありません。

吉野家もゼンショーも、国内だけでなく、アメリカや中国でも事業を展開しています。それぞれのウェブサイトを見ると、吉野家は海外展開の情報を積極的に開示していますが、それに比べ、ゼンショーは消極的です。このことから、吉野家は海外展開に積極的に取り組む方針をとっており、ゼンショーは海外よりも国内に力を入れる方針をとっていると推測できます。

3 Who（誰が）――経営者、従業員数、年齢構成等

企業によって統治形態はさまざまです。経営陣が生え抜きで占められている場合もあれば、他の企業からの移籍組が多い場合もあります。前者は伝統的な老舗企業、後者は新興企業に多いようです。後者の場合、従業員も中途採用が多く、実力主義の色彩が濃い可能性があります。また、創業者によるワンマン経営や同族経営の場合は注意が必要です。ワンマン経営者が独善的な経営を行なった結果、経営破綻に陥った企業は少なくありません。また、創業者はカリスマ的な経営能力を持っていても、その跡取りも同様とは限りません。その一方、ワンマンゆえに迅速な意思決定が可能で、それによって成功しているケースもあれば、創業者一族を中心とした家族的な経営が有効に機能しているケースもあるので、やはり個々の企業を慎重に分析する必要があります。

採用人数や従業員数については、これらの数が安定している場合には経営も安定しており、増加傾向にある場合には成長期にあるといえるでしょう。激しい増減がある場合は、景気変動の影響を受けやすいということかもしれません。

こうした情報の中にはウェブサイトからは入手できないものもあるので、有価証券報告書等を見るとよいでしょう。

＜サンプルリサーチ＞

吉野家とゼンショーの二〇一〇年度の有価証券報告書の「役員の状況」を見てみます。吉野家の場合は、代表取締役社長をはじめ、多くの役員が吉野家一筋で勤続四〇年前後、入社後、相応のポストを経て就任しています。ゼンショーの場合は、創業者が代表取締役社長を務め、実子が役員に名を連ねています。ただし、ほかの役員は食品関連企業等からの転職組で、いずれも前の勤め先では要職に就いており、経験や手腕が買われたようで、ほとんどが入社とほぼ同時に役員となって活躍しています。このような両社の違いはどのようにとらえたらよいのでしょうか。

他方、ヤンマーのような非上場会社は、原則として有価証券報告書の作成義務がないため、入手可能な情報は上場会社と比べると限られます。ヤンマーのウェブサイトによれば、現社長は四代目です。歴代の社長はすべて同姓ですから、創業者一族の世襲制の可能性が高いといえます。株主構成の情報はありませんが、創業者一族が多くの株式を保有しているはずです。創業から約一〇〇年間に経営トップが四名ですから、おおよそ平均二五年という長期政権です。したがって、経営者が株主からの圧力を受けず、ぶれない理念の下、長期的な観点をもって経営を行なってきたことが推測されます。ただし、これは両刃の剣であり、ワンマンゆえの弊害が生じていた虞もあります。したがって、企業統治の体制が確立されているかどうかを確認する必要があるでしょう。

4 What（何を）――事業内容、事業構成、商品・製品等

むろん、事業内容は重要です。ある事業に特化している場合もあれば、多様な事業分野に進出し、多角化している場合もあります。特定の事業にヒトやモノやカネを集中的に投下し、成功することによって、ほかの企業の追随を許さないオンリーワン企業となることは一つの理想です。Windowsのマイクロソフトやi Phoneのアップルがその代表例といえます。しかし、事業開発に失敗したり、特化している事業への需要が悪化した場合、専門化によるダメージは深刻です。牛丼を主力商品としていた吉野家はＢＳＥ（狂牛病）問題に大きな影響を受けました。したがって、事業を多角的に展開し、事業リスクを分散するという戦略にも意義があります。ある事業が不調でも、ほかの事業が好調なら、経営を維持することができます。ただし、不調が続く事業からは撤退して、事業を絞ったほうが効率的な場合もあります。専門化と多角化ではどちらがよいか。これはなかなか難しい問題です。

いずれにしても、事業内容にこそ企業の存在意義があります。各事業の内容、主要な事業、各事業のウェイト等について分析しておく必要があります。また、業界シェア、業界

ランクも知っておくと役に立ちます。たとえば「看板事業である○○の仕事がしたい」とか、「業界シェアは低く、あまりウェイトが高い事業でもないが、将来性があるので、自分の専門性を活かして成長させたい」といった具体的な志望動機につながります。

＜サンプルリサーチ＞

ヤンマーは事業を多角的に展開し、農業関連事業以外にも、マリン・海洋、エネルギーシステム、建設機械などにかかわる事業を手掛けており、二〇一一年三月期の売上高は四九九一億円、従業員数は一万五四五九名です。なお、クボタ、ヤンマーに次ぐ農業機器大手の井関農機は農業関連事業に特化しており、同年同期の売上高は一四七八億円、従業員数は六四〇四名です。経営資源は無尽蔵ではないので、多角的な事業展開ができる企業には、人的規模や資金的規模が大きいとか、他分野に応用可能な技術を有しているとかいった特徴があるようです。小売り業から金融業に進出するケースのように、ほかの事業への進出が従来の事業に及ぼす波及効果を期待している場合もあります。

一方、ある事業に特化している企業には、市場での評価が確立した商品・製品があるとか、他企業には模倣できない特殊技術やキャラクターを有しているとかいった特徴があります。牛丼の吉野家、コンピューターゲームの任天堂、東京ディズニーランドのオリエンタルランドなどがその代表例といえるでしょう。

第4節　待遇を知る

給与、手当、勤務時間、休暇、福利厚生、勤務地、働きやすさなどといった待遇についての情報は、ほとんどの就活生にとって最も重要な事項でしょう。

給与については、初任給の額が募集要項などで示されていますが、問題はその後です。初任給が高くて、昇給カーブが緩やかな給与体系よりも、初任給は低くても、昇給カーブが急な給与体系のほうが給与の総額は多くなるかもしれません。したがって、初任給で給与待遇の全体を評価することはできません。また、基本給は低くても、種々の手当がつくことによって高待遇となる場合もあります。社宅などを相場よりも安く借りられるなら、その差額は実質的には給与です。ビジネス誌の類いには、企業の給与待遇を比較した記事などもありますが、登場するのは一部の企業だけです。初任給や手当の種類などといった入手可能な情報から給与待遇を正しく知ることは難しそうです。

また、勤務時間や休暇についても、一応、データは入手できますが、あくまでも標準値です。国際業務を担当すれば、通常の勤務に加えて、担当国がビジネスアワーになる深夜に残業しなければならないでしょう。有給休暇も繁忙度によっては取得できない場合もあるようです。したがって、勤務時間や休暇については、退社時刻はうまくいけば○時とか、有給休暇はうまくいけば○日といった程度に考えておいたほうが無難でしょう。

勤務地については、研究職のように転勤が少ない職種もあれば、いわゆる転勤族となる職種もあるでしょう。転勤も、国内各地の場合もあれば、海外に長期赴任という場合もあります。多くの企業が色々な地域で活動している状況の下、個人的な都合で勤務地を選ぶなどということは難しいかもしれません。ただし、特定の地域だけで活動する企業も少なくありません。電力会社やガス会社がその代表例です。また、地方銀行や信用金庫も原則として店舗の展開地域が限定されています。

待遇に関しては、企業から提供される標準的なデータよりも、実情が重要です。実情については、その企業に実際に勤務している人から聞いた話が最も信憑性が高いはずです。実情に企業説明会などでは金銭的なことについては質問しにくいでしょうが、勤務地や勤務時間などについては、質問すれば、実情を教えてくれるはずです。また、OB・OGを積極的に訪問したり、知り合いなどのコネを利用するのもよいでしょう。いずれにしても、ナマの声を聞くことが大切です。

第5節　財務データを用いた企業特性の分析

企業の財政状態や経営成績を表わす財務データは企業特性の分析に有用です。ただし、財務データから企業特性を読み取るためには、この手のデータを読み解くための専門的な知識が必要です。そこで、まずこの節では財務データを提供する財務諸表について概説し、その上で、次節において財務データを用いた企業特性の分析方法を紹介します。

1 財務諸表

財務諸表とは、企業が株主や債権者などの利害関係者に対して意思決定に有用な情報を提供するために作成する書類のことで、色々な財務表といった意味で「財務諸表」と称されます。主要な財務表としては、貸借対照表、損益計算書、キャッシュ・フロー計算書が挙げられます。財務諸表は金融商品取引法や会社法などにもとづいて作成され、有価証券報告書や官報・新聞・ウェブサイトでの決算公告などにおいて開示されます。

また、財務諸表には連結財務諸表と個別財務諸表があります。連結財務諸表は、親会社を頂点とする企業グループ全体についての財務諸表です。一方、個別財務諸表は、単一企業についての財務諸表です。企業グループは、親会社のリーダーシップの下、組織として協同的に事業を行なっています。たとえば親会社が製造部門を担当し、物流や販売などの部門を子会社が担当する場合、各部門の連動によって効率的な経営を目指します。グループ全体で連動的な経営が行なわれているので、経営状態を把握するためには、親会社の財務データ（財務諸表）だけでは不十分です。そこで、企業グループ全体について作成される連結財務諸表が必要となります。親会社単体の財務諸表は個別財務諸表として開示されますが、他方、親会社傘下の子会社や関連会社の財務諸表は入手困難であるのが現状です。

以下においては、貸借対照表と損益計算書の仕組みを概説します。なお、就活に差し障りのない範囲で簡略化して説明します。

2 貸借対照表の仕組み

貸借対照表は、資産、負債、純資産を表示することによって企業の一定期日における財政状態を示す財務表です。資産、負債、純資産の関係をボックス図で示すと図表Ⅲ-4のようになります。

貸借対照表の右側に記載される負債と純資産は、企業が活動に必要な資金をどのように調達したのかという資金の調達源泉を示しています。

図表Ⅲ-4　ヤンマーの連結貸借対照表

連結貸借対照表

2011 年 3 月 31 日現在（単位：百万円）

<table>
<tr><td rowspan="4">資金の
運用形態</td><td rowspan="4">資産
475,481</td><td rowspan="2">流動資産
265,465</td><td rowspan="2">負債
384,648</td><td>流動負債
213,327</td><td rowspan="4">資金の
調達源泉</td></tr>
<tr><td>固定負債
171,321</td></tr>
<tr><td rowspan="2">固定資産
210,016</td><td rowspan="2">純資産
90,833</td><td>株主資本
82,821</td></tr>
<tr><td>その他
8,012</td></tr>
</table>

負債は将来の経済的負担を意味し、その額は銀行からの借り入れや社債の発行などによって調達した資金の額です。端的にいえば、負債の額は借金の額であり、借金をして集めてきた資金の額です。なお、負債は流動負債（通常の営業プロセスの中にある負債ないし短期的に返済予定の負債）と固定負債（長期的に返済予定の負債）に分類されます。ヤンマーの場合、総負債が三八四六億四八〇〇万円で、流動負債が二一三三億二七〇〇万円、固定負債が一七一三億二一〇〇万円という内訳になっています。

純資産は株主資本とその他に分けられ、株主資本は株主による拠出部分と拠出をもとにして獲得した利益の内部留保部分から構成されます。株主資本は、資本金、資本剰余金、利益剰余金に分類されます。資本金は「企業概要」などの一項目として示されますが、端的にいえば、その額は株主からの資金調達額で、企業規模を示す数値の一つです。

なお、負債は企業の外部からの資金調達を意味するために「他人資本」とも称され、純資産（厳密には株主資本と評価・換算差額）は自前での資金調達を意味するために「自己資本」とも称され、自己資本と他人資本を併せて「総資本」と呼びます。

他方、貸借対照表の左側に記載される資産は、企業が調達した資金をどのように利用しているのかという資金の運用形態を示し、また、将来、企業にキャッシュの流入をもたらす経済的資源がどれだけあるのかを示しています。具体的にいえば、たとえば、資金が商品や店舗用の土地・建物等として運用されていることなどを示します。資産も流動資産と固定資産に分類されます。流動資産とは概して短期的に換金可能な資産のことで、固定資産とは長期的に利用され、短期的には換金されない資産のことです。ヤンマーの場合、総資産が四七五四億八一〇〇万円で、流動資産が二六五四億六五〇〇万円、固定資産が二一〇〇億一六〇〇万円という内訳になっています。

負債と純資産の合計額は調達資金の合計額であり、資産の合計額は資金の運用額の合計です。原則として調達資金の額と資金の運用額は同じですから、資産、負債、純資産の関係は次のような等式で表わされます。

資産（総資産）＝負債＋純資産

総資産額は、全部でどれだけの資金を調達したのかという企業の資金的規模を示す数値の一つです。また、純資産額は資産の額から負債の額を控除した企業の正味の資産額といえます。

3 損益計算書の仕組み

損益計算書は、企業の一定期間における経営成績を示す財務表です。企業は利益の獲得を目的としているため、経営成績の良否はどれだけの利益を得ているのかによって判断されます。損益計算書における損益（利益ないし損失）の計算は、企業活動の成果である収益と、成果獲得のための努力に当たる費用を対比させることにより、左の式のように行なわれます。なお、計算の結果がプラスの場合は利益、マイナスの場合には損失が生じたことを意味します。

損益＝収益－費用

また、損益計算書における損益の計算は、以下のように、三つの段階を有する形式で表示されます。

まず、第一段階の営業損益計算の区分では次の二つの損益計算が行なわれます。

売上高－売上原価＝売上総利益

売上総利益－販売費及び一般管理費＝営業利益（営業損失）

売上高とは、商品・製品等の販売によって得られた収益のことで、営業収益と表記されることもあります。売上高は損益計算の出発点であり、利益の基礎をなす部分といえます。売上高が大きければ大きいほど、事業規模や市場シェアが大きいことになります。売上原価とは、販売した商品や製品の仕入値や製造コストなどといった費用のことです。売上高から売上原価を控除することによって売上総利益が計算されます。売上総利益は、販売活動という企業の基本的な活動から得られた利益です。なお、この売上総利益は、販売したものの売値と元値を単純に比較して計算されるもので、ほかの細かい経費は考慮されていないため、「粗利《あらり》」とも呼ばれます。

販売費とは、販売活動のために生じた広告宣伝費や販売手数料などのことであり、一般管理費とは、本社や営業所などの管理部門で生じる給与、家賃、通信費などのことです。売上総利益から販売費及び一般管理費を控除し、営業利益が計算されます（計算結果がマイナスの場合は営業損失）。営業利益は、販売活動のような企業本来の活動における経営成績、つまり本業における経営成績を表わす利益です。たとえば小売り業の場合は商品の販売、製造業の場合は製品の製造・販売、銀行業の場合には預金の獲得や融資や決済が本業といえます。営業損益の計算結果がプラスの場合、あるいは営業利益が前期より増えている場合、本業が順調であるといえま

図表Ⅲ-5　ゼンショーの連結損益計算書

（単位：百万円）

連結損益計算書

		2009年度	2010年度	
Ⅰ	売上高	334,172	370,769	営業損益計算の区分
Ⅱ	売上原価	111,139	126,414	
	売上総利益	223,033	244,354	
Ⅲ	販売費及び一般管理費	210,493	226,694	
	営業利益	12,539	17,660	
Ⅳ	営業外収益	2,439	1,870	経常損益計算の区分
Ⅴ	営業外費用	3,864	3,739	
	経常利益	11,114	15,791	
Ⅵ	特別利益	374	94	純損益計算の区分
Ⅶ	特別損失	4,000	2,537	
	税引前当期純利益	7,101	13,348	
Ⅷ	法人税等	3,594	8,613	
	当期純利益	3,506	4,735	

す。一方、営業損失が生じた企業は本業で苦戦していることになります。

第二段階の経常損益計算の区分では、営業損益計算の区分で算定された営業利益に営業外収益を加算、営業外費用を減算するという次のような損益計算が行なわれます。

営業利益＋営業外収益－営業外費用＝経常利益（経常損失）

営業外収益や営業外費用は、利息の受け取りや支払いなどといった金融活動などによる収益や費用、すなわち本業以外の日常的な活動から生じた収益や費用です。資金の貸し借りや投資のような金融活動は企業（銀行等は除く）の本業ではありませんが、通常の活動です。したがって、営業利益に営業外収益と営業外費用を加減して算定された経常利益は、企業の通常の活動における経営成績を表わす利益であり、企業の正常な収益力を示すものとして重視されています。

第三段階の純損益計算の区分では次のような損益計算が行なわれます。

経常利益＋特別利益－特別損失＝税引前当期純利益（税引前当期純損失）

税引前当期純利益－法人税等＝当期純利益（当期純損失）

経常損益計算の区分で算定された経常利益に特別利益を加算、特別損失を減算して税金等を控除する前の当期純利益を算定します。特別利益や特別損失は、経常的には発生しない利益や損失、換言すれば、臨時的、偶発的に生じる利益や損失です。たとえば遊休不動産（活用されていない不動産）を売却したことによる利益は、経常的な利益ではなく、臨時的なもの、すなわち特別利益です。地震や水害等の天災の影響で工場の設備が利用不能になって生じた災害損失も、経常的な損失ではなく、偶発的な事象による特別損失です。

最後に税引前当期純利益から法人税等（法人税、住民税、事業税、諸調整）を控除することによって当期純利益が算定されます。当期純利益は、当該期間における全体的な利益であって、また、分配可能な期間利益でもあります。

図表Ⅲ-5のゼンショーの連結損益計算書を見ると、二〇一〇年度は、二〇〇九年度と比べ、売上高、売上総利益、営業利益、経常利益、当期純利益がすべて増えているため、ゼンショーの二〇一〇年度の経営成績は前年比ではかなり良好といえます。ただ

図表Ⅲ-6　収益・利益の意義

収益・利益	意義
売上高	利益計算の基礎となる収益
売上総利益	基本的な利益
営業利益	本業による利益
経常利益	経常的な活動による利益
当期純利益	全体的な活動による利益

し、前年度との対比だけでは、経営成績の良否の判断において十分とはいえません。このように売上高や利益が増えていても、景気変動などの外的要因の影響を受けただけという場合もあるからです。少なくとも五年間程度の推移を調べる必要があります。

なお、特定の資産等の時価評価額と貸借対照表上の額の差額を評価・換算差額等といいます。この評価・換算差額等をその他包括利益として処理し、当期純利益に加減することによって算定されるのが包括利益です。この包括利益をもって企業の最終的な経営成績を表わす利益とすることもあります。包括利益は、損益計算書ではなく、包括利益計算書において算定されます。

第6節　財務諸表による企業分析

1　分析の視点と方法

(i) 企業特性

財務諸表を見ることによって、売上高、種々の利益額、資本金額等々、多様な財務数値を知ることができます。しかし、それは財務諸表上の表面的な数値を知ったに過ぎません。複数の数値を組み合わせ、比率を計算し、比較することによってこそ、企業を深く分析することができます。

財務諸表による分析において注目すべき企業特性としては、収益性、安全性、成長性、生産性が挙げられます。

企業の目的はまずは利益の追求ですから、商売上手であること、利益獲得能力が高いことが重要です。したがって、企業特性を測る尺度として、まずは収益性に注目すべきです。収益性の分析によって、効率的に利益を獲得しているかどうかが分かります。

企業が倒産すると、株式は無価値になり、債務は返済不能になり、従業員は解雇されるかもしれません。そうした状況を回避するためにも、株主は出資先に、債権者は融資先に、従業員は勤務先に倒産の危険性がないかどうかを確認することが重要です。安全性の分析によって、倒産の予兆はないか、安全な企業かどうかを推測することができます。

企業にも人間と同様、成長期、安定期、衰退期があります。その企業がどの時期にあるのかを分析するのが成長性の分析です。たとえば成長期の企業には、売上高が伸びるとか、生産設備や店舗や従業員が増えるといった傾向があるため、そうした数値の変化に注目することによって成長性を分析します。

企業の関係者は経営者、出資者、債権者、従業員、消費者、地域住民等々、多岐にわたり、そうしたことを重視した場合、企業は、私的な存在ではなく、社会的な存在としてとらえられます。生産性の分析においては、社会的な存在としての企業が生み出す付加価値を分析します。

(ii) 比較分析

財務数値にもとづいて何かを解釈したり、判断したりする場合、単一の数値だけではあまり意味がありません。当該数値と他の数値を比較することによってこそ、適切な解釈や判断が可能になります。数値の比較方法としては三通りのものが考えられます。

第一に、ある特定の目標値をクリアしているかどうかを数値基準との比較において分析するという方法があります。第二に、その企業の特定の数値を時系列的に比較し、その推移にもとづいて分析するという方法があります。時系列分析は景気変動等の外的要因の影響を受けるため、長期的な観点をもって分析することが適当です。第三に、複数の企業を比較するという方法があります。景気変動等の影響はどの企業にも共通の外的要因であるため、企業間比較の場合には単純に比較分析することができます。ただし、財務数値は業種や事業に固有の特徴があるため、比較する企業は同じ業種ないし類似した事業展開の企業である必要があります。

以下においては、上述の企業特性のうち、就活において優先度が高いと思われる収益性と安全性を取り上げ、基本的な分析方法を概説します。収益性を見ればその企業の経営の好不調を判断することができ、安全性を見ればその企業の倒産の危険性を推定することができます。収益性が高く、安全性も高い企業であれば、就職先としてはひとまず安心でしょう。なお、財務指標はできるだけ簡便な計算方法のものを紹介します。

2 収益性の分析

企業が効率的に利益を獲得しているかどうかという収益性を示す指標としては、総資産利益率（ROA：Return on Asset）、自己資本利益率（ROE：Return on Equity）、売上高利益率などが挙げられます。なお、こうした収益性の指標をもって示されるのは、現在ないし過去のデータにおける利益獲得能力であり、将来もその能力が持続することを保証するものではありません。将来的な収益性は、企業の営業努力だけでなく、経済情勢、市場の状況、ライバル企業の動向などを考慮して判断する必要があります。

(i) 総資産利益率

総資産利益率は、総資産＝総資本であるため、「総資本利益率」とも呼ばれ、次のように算定されます。

総資産利益率＝経常利益÷総資産＝経常利益÷総資本

総資産利益率は、総資産（総資本）に対する経常利益の割合であり、総資産（総資本）を効率的に用いて利益を生み出しているかどうかといった企業の資産効率ないし投下資本全体の投資効率の観点から収益性を測る指標です。したがって、この数値が高い企業は総資産（総資本）を効率的に利益獲得に用いることができているといえます。分子に営業利益や当期純利益、あるいは経常利益に修正を加えた事業利益を用いることもあります。

（ii）自己資本利益率

自己資本利益率は、自己資本（株主資本と評価・換算差額等の合計）と当期純利益をもって次のように算定されます。

自己資本利益率＝当期純利益÷自己資本

自己資本利益率は、自己資本に対する当期純利益の割合であり、株主に帰属する資本をいかに効率的に用いて当期の株主配当の源泉となる当期純利益を生み出したのかという、株主の立場から見た投資効率を尺度とした収益性の指標です。この数値が高い企業は株主にとって投資効率が高い企業であるといえます。

自己資本の代わりに株主資本や純資産を用いる簡便法もありますが、むろん、算定値に影響が出ます。その点を理解した上でなら、その方法を用いてもよいかもしれません。

(iii) 売上高利益率

売上高利益率は、売上高と種々の利益をもって次のように算定されます。

売上高営業利益率＝営業利益÷売上高
売上高経常利益率＝経常利益÷売上高
売上高当期純利益率＝当期純利益÷売上高

利益は収益から費用を控除することによって算定されます。売上高利益率は、売上高に対する利益の割合であり、売上高がどれだけ利益として残るのか、換言すれば、どれだけ費用を抑えて効率的に利益を獲得しているのかといったことを示す収益性の尺度です。売上高利益率の高い企業は利鞘《りざや》の大きい、低コスト体質の企業であるといえます。

3 安全性の分析

企業が債務を返済できなくなって倒産したりしないかどうかといった財務的安全性を示

す指標として、流動比率や自己資本比率があります。なお、ここで紹介する安全性の指標は、前出の収益性の指標と同様、限られたデータにもとづく単純な分析指標です。本格的な分析においては、何種類かの財務数値による分析モデルが用いられます。また、企業の経営環境には不確実な要素も多く、瀕死の企業が起死回生のヒット商品を生み出すこともあれば、業績好調な企業が不祥事や天災によって倒産することもあるため、分析指標はあくまでも目安と考えて利用したほうがよいでしょう。

（i）流動比率

流動比率は、流動資産と流動負債によって次のように算定されます。

流動比率＝流動資産÷流動負債

流動比率は、短期的に換金可能な流動資産と短期的に返済予定の流動負債の割合であり、企業の短期的な支払い能力を示します。この比率が一〇〇％を超えているということは、流動資産が流動負債よりも多いということを意味します。かつては流動比率の安全基準は二〇〇％とされていましたが、現在は在庫管理の発達などによって一二〇％程度とされています。ただし、この基準をクリアしていても倒産する企業もあれば、クリアしていなくても倒産しない企業もあるため、絶対的な指標とはいえないことに注意する必要があります。

また、流動資産の中には、棚卸資産のように即時に換金できるとは限らない資産もあるため、流動資産の代わりに換金性の高い当座資産（現金預金、受取手形、売掛金、有価証券）を用いた当座比率によって短期的な支払い能力を分析することもあります。その場合には一〇〇％超が安全性の目安となります。

当座比率＝当座資産÷流動負債

（ii）自己資本比率

自己資本比率は、総資本に占める自己資本の割合であり、次のように算定されます。

自己資本比率＝自己資本÷総資本

総資本に占める自己資本の割合を見ることにより、その企業の資金調達の傾向が分かります。自己資本比率が低いということは、借金で資金をやりくりしているということを意味します。借金は返済する必要がありますが、経営状態が悪化すると、資金的に行き詰まって返済不能となり、倒産する可能性があります。すなわち、自己資本比率を見ることにより、倒産にかかわる長期的な安全性を確認することができます。自己資本比率が高いほど安全ということになりますが、目安としては五〇％超、総資本の過半を自己資本でまかなえていれば合格です。

また、自己資本比率と同じような指標に負債比率があります。負債比率は、他人資本と自己資本の割合によって安全性を測る指標であり、自己資本比率とは逆に、これが低いほど安全ということになります。

負債比率＝他人資本÷自己資本

4 ケース分析――吉野家とゼンショー

以上の財務指標を利用して吉野家とゼンショーの経営状況を比較分析してみることにします。なお、財務指標と比率算定のためのデータは、流動比率を除き、有価証券報告書の冒頭の「主要な経営指標等の推移」に記載されているものを利用します。この「主要な経営指標等の推移」には主要なデータがまとめられているので、お薦めです。

図表Ⅲ-7　ゼンショーと吉野家の売上高および利益

（単位：百万円）

企業名	項目	2006年度	2007年度	2008年度	2009年度	2010年度
ゼンショー	売上高	204,591	282,498	310,180	334,172	370,769
	営業利益	12,950	15,268	7,786	12,539	17,660
	経常利益	13,196	14,190	6,175	11,114	15,791
	当期利益	6,181	5,196	2,473	3,506	4,735
吉野家	売上高	135,519	155,779	174,249	179,602	171,314
	営業利益	3,691	6,222	3,582	－895	5,116
	経常利益	4,216	7,372	4,340	－476	5,509
	当期利益	2,096	186	208	－8,941	382

まずは図表Ⅲ-7によって業績を比較します。売上高を見ると、圧倒的にゼンショーのほうが上です。また、売上高の伸びは、吉野家も健闘していますが、ゼンショーのほうが大きく、顧客獲得が好調であることが窺えます。利益を見ると、吉野家は二〇〇九年度に大赤字に陥っているものの、二〇一〇年度は前年度と比べて好業績といえます。しかし、ゼンショーと比べると額に大きな差があり、ゼンショーのほうが圧倒的に業績良好といえます。

次に図表Ⅲ-8によって種々の利益率を比較します。総資産利益率は、吉野家のほうが高い年度もありますが、平均するとゼンショーのほうが高く、また、比較的安定しているといえます。自己資本利益率は、圧倒的にゼンショーのほうが高く、自己資本を効率的に用いて利益を獲得しているといえます。

種々の売上高利益率を比較してみると、いずれも吉

図表Ⅲ-8　ゼンショーと吉野家の利益率

（単位：％）

企業名	項目	2006年度	2007年度	2008年度	2009年度	2010年度
ゼンショー	総資産利益率	6.6	6.6	2.7	4.8	6.8
	自己資本利益率	27.1	16.4	8.2	11.0	13.5
	売上高営業利益率	6.32	5.40	2.51	3.75	4.76
	売上高経常利益率	6.44	5.02	1.99	3.32	4.25
	売上高当期利益率	3.02	1.83	0.79	1.04	1.27
吉野家	総資産利益率	4.2	7.3	3.9	－0.5	5.7
	自己資本利益率	3.0	0.3	0.3	－14.3	0.8
	売上高営業利益率	2.72	3.99	2.05	－0.5	2.98
	売上高経常利益率	3.11	4.73	2.49	－0.27	3.21
	売上高当期利益率	1.54	0.11	0.11	－4.98	0.22

野家よりもゼンショーのほうが高くなっています。

他方、両社の売上高利益率の推移を見ると、一時の落ち込みから回復しているようにも見えますが、数年間に及ぶ全体的な推移は低下傾向にあります。

つまり、売上高に対する費用の割合が多くなっているといえます。これは両社がコスト削減能力を超えた低価格競争を繰り広げていることに起因すると考えられます。ちなみに、二〇一〇年における日本マクドナルドの売上高営業利益率は八・六八％、カッパ・クリエイト（かっぱ寿司）は五・〇二％、壱番屋（CoCo壱番屋）は一一・一九％、スターバックス・コーヒーは六・二％でした。これらと比較すると、吉野家はむろんのこと、ゼンショーも、本業における利益率は決して高いとはいえません。つまり、吉野家とゼンショーの間で行なわれた低価格競争は、収益性の観点からする

図表Ⅲ-9　ゼンショーと吉野家の安全性指標

（単位：％）

企業名	財務指標	2006年度	2007年度	2008年度	2009年度	2010年度
ゼンショー	流動比率	53.49	82.49	47.5	45.58	48.04
	自己資本比率	16.2	14.2	13.2	14.7	15.6
吉野家	流動比率	232.71	197.49	127.46	114.08	76.23
	自己資本比率	70.1	69.0	60.3	54.7	43.6

と、ゼンショーに軍配が上がったようですが、その結果、他の外食産業と比べると、両社の利益率は悪化してしまいました。牛丼の低価格競争は、消費者にはありがたい反面、牛丼販売のビジネスとしての魅力を低下させてしまったのかもしれません。

安全性はどうでしょうか。図表Ⅲ-9を見てみましょう。自己資本比率を見ると、ゼンショーは安全性の目安とされる五〇％を大きく下回っており、資金のかなりの部分を借り入れに頼っていることが分かります。これはすなわち、小さい力で重いものを動かす「てこの原理」のように、少ない自己資本を多くの他人資本によってカバーし、より多くの資金を事業に投下している状態です。事業が好調で借り入れた資金の返済と利息の支払いに支障がなければ、このような財務レバレッジ（てこ）を効かせた経営もアリですが、業績悪化の場合には、借入金の返済と利息の支払いのために資金繰りが行き詰まる可能性があるため、要注意です。

吉野家については、徐々に自己資本比率が下がっているため、財務体質が悪化しているといえるでしょう。流動比率を見ると、ゼンショーは、安全基準とされる一二〇％を大きく下回り、五〇％前後となっています。吉野家はかつては安全基準を大きくクリアしていましたが、自己資本比率と同様、徐々に悪化し、一〇〇％を大きく割り込んでいます。これは短期の借入れによって流動負債が増加したことによるものです。

ゼンショーはそもそも財務レバレッジを効かせる方針をとっているようですが、これは財務的リスクが高く、安全性の面では不安があります。他方、吉野家は、もともとは安全性の高い企業でしたが、低価格競争や海外進出のための資金が必要だったのか、徐々に安全性が低下しており、今後が懸念される状態です。ただし、両社とも、収益性はまずまずであるため、短期的な倒産の可能性は低いのではないでしょうか。

5 発展的な財務諸表分析

(i) キャッシュ・フローの分析

主要な財務表としては、貸借対照表と損益計算書に加え、キャッシュ・フロー計算書が挙げられます。前述のように、企業はカネを栄養素として活動する組織体です。カネが不足すると、活動に支障をきたします。したがって、どれだけのカネを遣い、どれだけのカネを受け取り、その結果、今後、資金的な余裕があるのかないのか、といったことは企業の存亡にかかわる重要事項です。しかし、損益計算書で算定された損益はカネ（現金）の増減を直接的に意味するものではありません。貸借対照表についても、そこに記載された資産はそのすべてが支払いに利用できるわけではなく、また、現金の額も、一定時点における残高を示しているだけで、動的な増減を把握することはできません。そこで、キャッシュ・フロー計算書を作成し、現金（キャッシュ）の流出・流入（フロー）の状況を把握します。キャッシュ・フロー計算書の作成は一部の企業だけに義務づけられているため、すべての企業の分析に利用できるわけではありませんが、利益の質や財務的安全性を分析する際には有用です。

キャッシュ・フロー計算書は、営業活動によるキャッシュ・フロー、投資活動によるキャッシュ・フロー、財務活動によるキャッシュ・フローの三つの区分から成ります。

営業活動によるキャッシュ・フローの区分では、企業が主として営む事業によるキャッシュ・フローが示されます。この区分がプラスの場合には、事業活動は順調、マイナスの場合には、支出超過なので、うまくいっていないということになります。次の投資活動によるキャッシュ・フローの区分では、設備投資、証券投資、融資などといった投資活動に関するキャッシュ・フローが示されます。成長企業は設備投資に積極的なので、この区分がマイナスになる傾向がありますが、短期的には心配に及びません。最後の財務活動によ

図表Ⅲ-10　キャッシュ・フロー計算書の表示形式

Ⅰ　営業活動によるキャッシュ・フロー		
	……	500
	……	100
	……	△200
営業活動によるキャッシュ・フロー		400
Ⅱ　投資活動によるキャッシュ・フロー		
	……	50
	……	△350
投資活動によるキャッシュ・フロー		△300
Ⅲ　財務活動によるキャッシュ・フロー		
	……	50
	……	△100
財務活動によるキャッシュ・フロー		△50
現金及び現金同等物の増減額		50
現金及び現金同等物の期首残高		200
現金及び現金同等物の期末残高		250

るキャッシュ・フローの区分では、資金の調達と返済にかかわるキャッシュ・フローが示されます。ここは資金を調達すればプラスに、資金を返済すればマイナスになります。

この三つの区分のうち、企業の安全性の分析においては、営業活動によるキャッシュ・フローの区分が役に立ちます。この区分がマイナスの場合には、営業活動において生み出すキャッシュよりも費やすキャッシュのほうが多いということになるため、数期間、マイナスが続くと、資金繰りが悪化し、事業の継続が危うくなる可能性があります。

ここで二〇〇八年に経営破綻した

図表Ⅲ-11　アーバンコーポレイションの主要な経営指標等の推移

経営指標等	2003年度	2004年度	2005年度	2006年度	2007年度
売上高（百万円）	51,363	57,033	64,349	180,543	243,685
経常利益（百万円）	4,812	9,479	10,677	56,398	61,677
当期純利益（百万円）	2,670	6,455	7,868	30,039	31,127
純資産（百万円）	16,685	35,455	66,638	103,111	131,517
総資産（百万円）	66,598	120,550	202,990	443,304	602,566
総資産利益率（%）	7.2	7.9	5.3	12.7	10.2
自己資本利益率（%）	17.2	24.8	15.4	38.7	31.3
流動比率（%）	218.1	235.3	166.7	197.3	223.9
自己資本比率（%）	25.1	29.4	32.8	20.0	18.3
営業活動によるキャッシュ・フロー（百万円）	△251	△24,995	△32,991	△55,033	△100,019
財務活動によるキャッシュ・フロー（百万円）	△2,639	40,233	43,043	83,210	89,212
従業員（人）	578	605	851	1,244	1,544

アーバンコーポレイションのケースを見てみましょう。同社は不動産事業を手掛ける東証一部上場会社でしたが、経済環境の急速な悪化にともなう不動産市場の冷え込みと資金繰りの悪化に対応できず、約二五五二億円の負債を抱え、事実上、倒産しました。図表Ⅲ-11のデータは同社の有価証券報告書から転載した倒産の直前五年分の主要な経営指標等です。

損益関連データは、企業買収の影響もあり、売上高、経常利益、当期純利益ともに順調に増加しており、二〇〇七年度は過去五年間の最高を記録しています。収益性を示す総資産利益率や自己資本利益率は総じて上昇傾向にあります。また、総資産も、企業買収の影響により、年々急増していますが、自己資本比率は、安全性の目安である五〇%を割り込んでいる上、低下傾向にあり、借金体質が強まっていることが窺えます。流動比率は二〇〇%前後であるため、短期的な支払い能力には問題がなさそうです。したがって、収益性については問題が認められず、安全性については、自己資本比率の低下は気になるものの、流動比率は高く、短期的には大丈夫そうです。

しかし、アーバンコーポレイションは倒産しました。どうして利益が生じているのに倒産したのでしょうか。その答えはキャッシュ・フローに表われています。営業活動によるキャッシュ・フローを見ると、過去五年間、マイナスになっており、しかも、その額は急増、最終年には一〇〇〇億円に達しています。営業活動において流入する現金よりも流出する現金のほうが圧倒的に多いのですから、いつ倒産してもおかしくなかったということです。他方、財務活動によるキャッシュ・フローは、最終年を除き、営業活動によるキャッシュ・フローのマイナスをカバーするのに十分な額となっています。つまり、資金調達によって営業活動における現金の流出を補う、という綱渡り経営をしていたのです。そして結局、資金繰りに行き詰まり、経営破綻してしまったのです。流動比率が高かったのは、売れ残りの不動産物件が多く、これが流動資産の額を大きくしていたためですが、流動資産のほとんどを占めていた不動産は支払いには充てられませんでした。貸借対照表と損益計算書だけでは見えなかったものがキャッシュ・フロー計算書によって見えるようになるよい例です。アーバンコーポレイションでは年々従業員数が増加していました。せっかく就職したのに就職先が破綻してしまったというのはあまりにも不幸です。そうした境遇に陥らないためにも、就職先は慎重に選ぶ必要があります。

(ii) セグメントの分析

多くの企業が単一の事業ではなく複数の事業を手掛けています。また、日本国内だけでなく、海外においても事業を展開しています。したがって、企業のことをより深く知るためには、それぞれの事業における業績やそれぞれの地域における業績についても知る必要があります。セグメントとは、企業の活動を事業ごとないし地域ごとに分けた場合の区分単位のことです。セグメント情報を見ることにより、その企業においてどの事業や地域がメインなのかが分かるだけでなく、時系列的に見ることにより、成長している事業や苦戦している地域を知ることができます。ただし、セグメント情報は、入手経路が有価証券報告書や企業の自主開示などに限られるため、すべての企業について入手できるわけではありません。

たとえばクボタのセグメント別売上高情報を分析してみましょう。

まずは事業別セグメントを見てみると、機械事業が売上高の七〇%弱を占めており、そ

図表Ⅲ-12　クボタのセグメント別売上高

（単位：百万円）

セグメント区分	セグメント名	2008年度	2009年度	2010年度
事業別セグメント売上高	機械	754,416	616,726	651,518
	水・環境システム	234,275	222,949	192,768
	社会インフラ	86,480	63,293	60,439
	その他	32,311	27,676	28,930
	合計	1,107,482	930,644	933,685
地域別セグメント売上高	日本	549,189	501,663	477,913
	北米	274,151	174,371	189,330
	欧州	108,742	67,791	75,762
	アジア（日本除く）	139,069	148,589	160,533
	その他	36,331	38,230	30,147
	合計	1,107,482	930,644	933,685

の他のセグメントのウェイトはあまり高くないことが分かります。二〇〇八年度から二〇〇九年度にかけて売上高がかなり減少していますが、これはメインの機械事業で苦戦したためです。二〇一〇年度には、合計の売上高が前年比で微増していますが、これは、他の事業が引き続き苦戦している中、機械事業の売上高が前年よりも増加したためです。詳しくは事業別セグメント利益のデータも見る必要がありますが、クボタの収益構造は機械事業が中心であるといえます。今後は既存の他事業に注力するか、新規事業を開発することによって、機械事業依存の体質からの脱却を目指す必要があるかもしれません。

次に地域別セグメントを見てみると、売上高のほぼ半分が国内となっていますが、金額的に減少傾向にあります。他方、北米と欧州においては、二〇〇九年度は大幅減となっているものの、二〇一〇年度には多少なりとも盛り返しています。また、日本を除くアジア地域は順調に売上高を伸ばしており、地域別で第二位の市場となる勢いです。国内市場の不振から、今後はアジア地域を重要視しつつ、他の海外地域での勢力挽回も図るといった積極的な海外戦略をとるかもしれません。

このようにセグメント情報を分析することによって、その企業が事業においてどのような特徴を持っているのかが浮き彫りになります。志望企業を選ぶ際にも、志望動機をまとめる際にも、大いに活用してください。

後記

「自分を知り、業界を知り、企業を知る」。

これが本書のキャッチフレーズでした。


さて、就活において自分を知ることの意味が分かりましたか。

業界の知り方、そして個々の業界の概要が分かりましたか。

企業の知り方、企業の分析方法が分かりましたか。


「故曰、知彼知己者、百戦不殆、不知彼而知己、一勝一負、不知彼不知己、毎戦必殆」

を忘れずに、**豊かな人生を目指して**頑張ってください。

二〇一二年三月

友岡賛

編者紹介

友岡賛（ともおか・すすむ）
慶應義塾大学教授
慶應義塾大学卒業。専門は財務会計論、会計史。著書に『株式会社とは何か』（講談社現代新書）、『会計の時代だ』（ちくま新書）、『会計学はこう考える』（ちくま新書）などがある。

執筆者紹介

齊藤博（さいとう・ひろし）　**第Ⅰ章担当**
関東学園大学教授
早稲田大学卒業。専門は経営戦略論、人的資源管理理論。著書等に『ベーシック経営管理』（日本教育訓練センター）、『人事マネジメントのケースと理論』（分担執筆、五絃舎）、『楽しいキャリアデザイン』（共著、八千代出版）などがある。

今野喜文（こんの・よしふみ）　**第Ⅱ章担当**
北星学園大学教授
慶應義塾大学卒業。専門は戦略経営論。執筆物に『変革期の組織マネジメント』（分担執筆、同文舘出版）、『会計学』（分担執筆、慶應義塾大学出版会）、『経営学の定点』（分担執筆、同文舘出版）などがある。

中山重穂（なかやま・しげほ）　**第Ⅲ章担当**
愛知学院大学准教授
慶應義塾大学卒業。専門は財務会計論。執筆物に『会計制度改革への挑戦』（共訳、税務経理協会）、『財務会計の世界』（分担執筆、税務経理協会）、『会計学』（分担執筆、慶應義塾大学出版会）などがある。

就活生のための企業分析

2012年7月25日　第1版1刷発行

編　者—友岡　賛
発行者—大野俊郎
印刷所—シナノ印刷㈱
製本所—㈱グリーン
発行所—八千代出版株式会社
〒101-0061　東京都千代田区三崎町2-2-13
TEL　03-3262-0420
FAX　03-3237-0723
振替　00190-4-168060
＊定価はカバーに表示してあります。
＊落丁・乱丁本はお取り替えいたします。

ISBN 978-4-8429-1580-7